KB200607

마음대로 살 뻔했습니다

마음대로
살 뻔했습니다

지은이 | 남우택
초판 발행 | 2019. 6. 5

등록번호 | 제1988-000080호
등록된 곳 | 서울특별시 용산구 서빙고로 65길 38
발행처 | 사단법인 두란노서원
영업부 | 2078-3352   FAX | 080-749-3705
출판부 | 2078-3331

책값은 뒤표지에 있습니다.
ISBN 978-89-531-3519-2 03230   Printed in Korea

독자의 의견을 기다립니다.
tpress@duranno.com www.duranno.com

두란노서원은 바울 사도가 3차 전도여행 때 에베소에서 성령 받은 제자들을 따로 세워 하나님의 말씀으로 양육하던 장소입니다. 사도행전 19장 8-20절의 정신에 따라 첫째 목회자를 돕는 사역과 평신도를 훈련시키는 사역, 둘째 세계선교(TIM)와 문서선교 (단행본·잡지) 사역, 셋째 예수문화 및 경배와 찬양 사역, 그리고 가정·상담 사역 등을 감당하고 있습니다. 1980년 12월 22일에 창립된 두란노서원은 주님 오실 때까지 이 사역들을 계속할 것입니다.

천국의 **삶**을 살기 위해
살펴야 할 **10가지 마음**

마음대로
살 뻔했습니다

남우택 지음

두란노

목차

추천의 글   006
프롤로그   012

1장 ～～～～～～～ 과거에서 살피는 마음

내 안의 나와 마주 보기 / 낮은 자존감   018
과거의 실수에 갇힌 이에게 / 그릇된 죄책감   032
• 마음 깊이 보기1 교만   046
넘어짐도 배움의 과정일 뿐 / 실패   052
상처도 내 삶의 일부 / 상처   068

2장 ～～～～～～～～～ **관계에서**
살피는 마음

가장 좋은 것은 내 안에 있다 / 시기와 질투   086
- **마음 깊이 보기 2 분노**   098

눈을 돌리면 보이는 존재 / 외로움   104

내 힘을 빼고 주님과 손잡기 / 두려움   120
- **마음 깊이 보기 3 정욕**   134

3장 ～～～～～～～～～ **일상에서**
살피는 마음

외면하고 싶은 상황이 올 때 / 염려   144
- **마음 깊이 보기 4 게으름**   158

현상 너머를 볼 수 있다면 / 낙심   166
- **마음 깊이 보기 5 탐욕과 탐식**   180

흔들림 없이 살아가는 비결 / 정체성   191

에필로그   210

신앙과 현실 문제를 연관 지어서 삶에 적용시키기는 쉽지 않습니다. 더구나 우리 내면의 문제를 영적 관점에서 바라보면서 이해한다는 것은 더 어려운 문제입니다. 저자는 바로 내가 살아가는 생활 이야기를 성경 인물을 통해 일상의 언어로 들려주면서 왜 그것이 문제인지를 설명해 줍니다. 또한 우리 삶에서 나타나는 문제가 내면의 문제와 어떤 연관성이 있는지 영적 관점에서 조명해 줍니다. 즉 현실과 나의 내면, 그리고 그리스도인의 삶 가운데 나타나는 다양한 문제를 통합적으로 바라볼 수 있게 해 줍니다.

저자는 다양한 삶의 문제를 가진 이민자들과 삶을 나누면서 함께 고민했던 마음을 이 책을 통해서 잘 보여 줍니다. 동시에 문제를 보는 법과 문제에 접근하는 법, 그리고 문제를 풀어 가는 법을 말씀을 따라 이해하기 쉽게 설명해 줍니다. 우리의 삶에 깊이 숨어 있는 마음의 문제를 찾아내 아픔 너머에 있는 참된 희망과 생명의 길을 제시해 줍니다. 알 수 없는 인생의 문제로 고민하는 분이라면 이 책을 볼 때 자신의 모습을 발견할 수 있습니다. 그리고 아픔을 겪고 있는 사람들을 잘 인도하기 원하는 리더를 위한 지혜의 바구니도 잊지 않고 담고 있습니다. 이 책을 읽고 나서 어느새 회복의 입구에 서 있는 자신을 발견할 수 있을 것입니다.

| 김형준 동안교회 담임목사

살다 보면 내 속에 있는 가시가 불쑥 튀어나올 때가 있습니다. 예기치 못한 상황에서 그리스도인의 모습과는 거리가 먼 반응이 나오기도 하고, 무례한 사람을 만나면 같이 무례한 사람이 되기도 합니다. 어디 그뿐일까요. 우리 마음에는 상처, 분노, 시기와 질투, 염려 등 소리 없는 아우성이 끊이지 않습니다. 이제는 성경에 밑줄을 긋는 것만이 아니라 내 삶에도 밑줄을 그어야 할 때입

니다. 일상의 신학, 일상의 예배, 일상의 신앙으로 돌아서야 한다는 뜻입니다.

저자는 비록 마음에 온갖 잡초가 있어 천국의 삶을 누리지 못할지라도 하나님 안에 있는 자신을 바라보면 하나씩 제거해 갈 수 있다고 말합니다. 하나님은 "긍휼이 많으시고 은혜로우시며 노하기를 더디 하시고 인자하심이 풍부하"(시 103:8)신 분입니다. 이외에도 성경은 은혜로우시고, 긍휼하시고, 인자가 많으신 하나님을 고백합니다(느 9:17; 시 86:15, 145:8).

이 책은 하나님 안에 있는 온전한 자신을 바라보도록 도와주는 안내서입니다. 먼저 천국의 삶을 누리지 못하게 하는 잡초가 무엇인지 바로 보게 합니다. 삶에 나타난 다양한 문제는 풀리지 않은 내면의 문제가 원인임을 알 수 있습니다. 나아가 그 잡초들을 제거하기 위해 필요한 처방을 성경적 관점으로 안내합니다. 이 책의 처방을 따른다면 삶을 가로막은 내면의 문제를 회복할 수 있을 것입니다.

| 송길원 청란교회 담임목사, 하이패밀리 대표

인간은 의인이면서 동시에 죄인입니다simul justus et peccator. 이것은 기독교 인간론의 핵심 명제입니다. 사람은 하나님의 형상으로

선하게 창조되었으나 첫 인간의 범죄로 부패해졌고 죄인이기에 죄를 지으며 살 수밖에 없게 되었습니다. 그러나 하나님의 사랑으로 보내 주신 그 아들 예수를 영접하는 자들은 그리스도의 의를 전가받아 의롭다 칭함을 받게 되었습니다. 그리스도 안에 있는 자들은 의롭게 된 새 피조물이지만, 그럼에도 불구하고 완전한 성화가 이뤄질 때까지 늘 죄의 유혹에 넘어갈 수밖에 없는 자들이라는 이중적인 성격을 지닌 약한 자들입니다.

뉴질랜드 오클랜드에서 한우리교회를 개척하여 28년째 사역하시며 건강한 한인 교회를 일구어 오신 남우택 목사님은 성도들에게 그리스도 안에서 하나님의 자녀가 된 새 피조물이라는 신분을 분명히 인식시킵니다. 그러면서 높은 자존감을 갖고 살기를 강조합니다. 그러나 동시에 저자는 이 책을 통해 우리 성도들은 여전히 죄의 유혹에 빠지기 쉬운 자들이기에 우리를 넘어지게 하는 내면의 적들을 잘 간파하고 성령의 도우심으로 대적하며 살기를 권면합니다.

저자는 우리의 삶을 얽매는 10가지 마음을 뽑아서 분석하고, 성도들에게 잘 대처해 가야 할 것을 말합니다. 또한 마음 깊이 보기를 통해 7대 대죄를 쉽고도 분명하게 알려 주는 이 책은 성도들에게 실제적인 도움이 되리라고 생각합니다. 이 책을 다 읽게 되면 독자들은 마음과 삶을 변화시키는 복음의 위대한 능력을 경험하게 될 것입니다. 복음의 능력이 삶에서 희미해진 분들과 아울러 영적인 변화를 갈망하는 성도들에게 이 책은 매우 훌륭한 도움이 되리라고 생각합니다.

| 신원하 고려신학대학원 원장

우리는 너무도 쉽게 세상의 가치를 따르며 살아갑니다. 그러다 보니 서서히 우리 마음에 온갖 잡초가 자라게 됩니다. 성경은 "모든 지킬 만한 것 중에 더욱 네 마음을 지키라 생명의 근원이 이에서 남이니라"(잠 4:23)고 말하지만 우리 마음에는 여전히 시기와 질투, 게으름, 탐욕과 탐식 등이 뿌리내리고 있습니다. 광야 같은 삶에서는 그것들을 필요악으로 치부하고 우리 마음을 거의 방치하고 삽니다.

우리가 삶에서 하나님 나라를 이루려면 내면의 적을 제거해야 합니다. 내면의 적을 이기고 내 마음대로 살지 않는 삶이 진정 복되고 지혜로운 삶입니다. 곧 코람 데오의 삶입니다. 죄가 가득찬 시대 가운데 우리 내면을 지키고 승리하는 삶을 살려면 길이요 진리요 생명 되신 예수님을 따라야 합니다.

남우택 목사님은 인격자요, 좋은 성품을 가진 목회자이십니다. 만남의 울림을 주는 맑은 영혼의 소유자이십니다. 이 책에서 저자는 하나님이 우리에게 천국의 삶을 살도록 주신 지혜와 은혜의 길, 예수 그리스도의 십자가 사랑의 참된 가치를 맑은 영성으로 잔잔하게 풀어냅니다. 내 마음을 따르는 것이 아닌 예수님과 함께하고, 주님을 닮아 가는 삶이 얼마나 소중한지를 이야기합니다. 영혼을 향한 목자의 외침으로 울림이 길게 남는 은혜로운 책입니다. 이 책의 마지막 장을 덮는 순간, 예수님의 손을 꼭 잡고 내면의 적을 제거하기 시작하며 하나님 나라의 소망을 품고 달려가는 행복한 자신을 만나게 될 것입니다.

| 이병욱 대암클리닉 원장, 차의과학대학교 외과교수

예수님을 믿고 하나님 나라의 백성이 되었지만 정작 이 땅에서 하나님 나라를 누리지 못하는 성도가 참 많습니다. 예수님이 보여 주시고 이루신 하나님 나라의 기쁨을 누리며 사는 것이 왜 이리 어려울까요? 그것은 우리 마음에 그 기쁨을 누리지 못하게 막는 수많은 장애물이 있기 때문입니다. 특별히 온갖 잡초들이 마음의 자리를 차지하고 주인 노릇을 하면서, 서서히 기쁨이 메말라 가는 삶을 살게 되는 것입니다.

그렇다면 이 땅에서 천국의 삶을 살기 위해 반드시 살펴야 할 마음은 무엇일까요? 대표적으로 10가지 마음이 있는데, 그 마음은 우리의 과거와 관계, 그리고 일상의 영역에서 생각해 볼 수 있습니다. 과거의 경험이 잘못 쌓여 형성된 마음 중 하나는 낮은 자존감입니다. 사회적 지위를 막론하고 낮은 자존감에 사로잡히면 올바른 삶을 영위할 수 없습니다. 그릇된 죄책감도 있습니다. 순간의 실수로 인해 죄책감을 가질 수 있지만, 그릇된 죄책감에 사로잡혀 과거에 묶이게 되면 악한 영의 노예가 될 수 있습니다. 이어서 과거의 잘못된 선택으로 받는 상처 역시 우리의 내면을 황폐하게 만듭니다.

관계의 영역에서도 마찬가지입니다. 인간의 내면에 숨어 있어 관계를 파괴하는 시기와 질투는, 주변 사람은 물론 자기 자신에게 치명적인 불행과 뼈아픈 상처를 줍니다. 또한 일상의 영역에서도 자주 겪는 염려나 낙심 등은 이 땅에서 천국을 누리는 것을 방해합니다.

우리가 수시로 내면을 살피지 않으면 자칫 더 풀기 어려운 마음 상태가 될 수 있습니다. 그것은 자신은 물론 주변 사람의 삶에까지 불행과 고통을 안기는 죄가 되기도 합니다. 성경은 "그의 마음에 싫어하시는 것이 예닐곱 가지"(잠 6:16)라고 했고, 초대 교부들과 과거 교회 전통에서는 성도들이 특별히 피해야 할 죄를 "7가지 대죄大罪"라고 규정하며 마음을 깊이 들여다보도록 했습니다.

그것은 교만, 질투, 분노, 게으름, 탐욕과 탐식, 정욕입니다.

자신이 하고 싶은 대로 하는 것이 행복이라 여기는 세상에서, 성경은 내 마음대로 살면 쓰디쓴 고통을 피할 수 없음을 보여 줍니다. 이 세상에서 살아가려면 어쩔 수 없는 마음이라고 여기며 내 마음을 방치하면 우리가 받은 특권을 온전히 누릴 수 없습니다.

그렇다면 이러한 내면의 걸림돌을 어떻게 극복할 수 있을까요? 첫걸음은 예수 그리스도의 복음 안에 있는 나 자신을 인식하는 것입니다. C. S. 루이스C. S. Lewis는 우리에게 인생의 중요한 세 가지 물음을 던졌습니다.

첫째, 우리가 하나님께 얼마나 중요한지 아는가?

둘째, 하나님을 어떻게 보는가?

셋째, 나 자신을 어떻게 보는가?

이 질문에 대한 바른 답은 예수 그리스도가 나를 위해 무엇을 하셨는지를 알고, 믿고, 확신할 때 가능합니다. 하나님이 예수 그리스도를 통해 하신 일이 내게 나타났음을 확신할 때, 비로소 나 자신의 정체성을 바로 갖게 되기 때문입니다. '나는 하나님이 모든 것을 내어 주실 만큼 귀한 존재'라는 사실을 확신하는 것은 우리 내부와 외부에 일어나는 그 어떤 어려움도 이겨 낼 수 있는 원동력이 됩니다.

이 책은 구원을 받아 천국 백성이 된 그리스도인이 왜 이 땅에서 천국의 삶을 누리지 못하는지에 대해 고민하고 성찰하는 가운데 얻은 묵상의 열매입니다. 살면서 피할 수 없는 마음의 문제와 죄를 극복하는 방법을 나누며 이 땅에서부터 천국을 누리는 데 작은 보탬이 되기를 원합니다.

이 책이 나올 수 있도록 인도해 주신 하나님께 감사를 드립니다. 그리고 10가지 마음을 한우리교회 강단에서 구체적으로 나눌 수 있도록 동기 부여를 해 준, 학창 시절 함께 공부한 친구이자 현재 고려신학대학원에서 기독교 윤리학을 가르치고 있는 신원하 교수에게 감사를 전합니다. 또한 이 책을 위해 가교 역할을 해 주신 동안교회 김형준 목사님, 두란노서원에게도 감사를 드립니다. 아울러 부족한 종임에도 불구하고 늘 기도하며 격려해 주시는 한우리교회 가족들, 그리고 항상 제 곁에서 응원해 주는 사랑하는 아내와 예랑, 예린, 기윤, 예은에게 고마움을 전합니다.

이 땅에 나그네로 잠시 머무는 동안, 우리 모두 내면을 무너뜨리는 적들을 몰아내어 천국을 누리며 살기를 기도합니다.

2019년 6월
남우택

1장

과거에서
살피는 마음

낮은 자존감

내 안의 나와 마주 보기

삼하 9:7-8

누구나 한 번쯤은 '나는 왜 이럴까?', '나는 왜 이런 집안에 태어났지?', '나는 나 자신이 싫어'라는 생각을 해 보았을 것입니다. 우리는 자신보다 나은 형편의 사람들을 부러워함과 동시에 그렇지 못한 자신에 대해 심한 열등감을 느낍니다. 그러다 보면 삶의 의욕을 상실하기 쉽고 기쁨은 저만치 물러갑니다.

많은 사람이 세상이 만들어 놓은 문화와 가치에 쉽게 영향을 받으며 살아갑니다. 특히 과거와 달리 경제적, 사회적 위치가 갑

자기 떨어지면 상황은 좀 더 심각해집니다. 인생 자체를 비관하며 극단의 선택을 할 가능성이 높습니다. 데이비드 시맨즈David A. Seamands는 우리가 정상적인 삶을 살지 못하도록 방해하는 사탄의 가장 강력한 심리적인 무기가 바로 낮은 자존감이라고 했습니다.

자신을 죽은 개로
생각했던 사람

낮은 자존감에는 여러 원인이 있는데, 그중 하나는 성장 과정에서 잘못 형성된 가치관의 영향 때문입니다. 다시 말하면 지나친 성취 욕구로 인해 기대 수준이 너무 커서 과도하게 비판을 받은 경우입니다. 가정에서 비교하는 말을 계속 들으며 성장하거나, 학교에서 앞서가는 사람이 더 인정받는 문화 속에서 경쟁에서 밀려나면 낙심하게 되고, 낮은 자존감에 시달리게 됩니다.

또한 잘못된 생각과 믿음도 하나의 원인입니다. 자신은 다른 사람보다 늘 뒤처진다고 생각하다 보면 정말 자신을 하찮은 존재로 인식하게 됩니다. 나를 제외한 다른 사람은 외모도 괜찮고, 능력 있고, 말도 잘하고, 게다가 성격까지 좋은데 자신은 아무것도 내세울 것이 없다고 생각하며 스스로 낙오자라고 여기기 쉽습니다. 출애굽 한 이스라엘 백성도 그러했습니다. 애굽을 떠나 홍해를 건너고, 마라를 통과하고, 아말렉과의 전투에서 승리해 자신감을 얻은 이스라엘 백성은 가데스 바네아에서 아낙 자손에 대한 정보를 듣는 순간, 그들과 비교할 때 자신들이 너무 초라하다고 생각했습니다. 그들은 스스로 "우리는 메뚜기와 같다"라고 말했습니다.

므비보셋 역시 낮은 자존감에 사로잡힌 사람이었습니다. 다윗 왕 앞에서 한 말을 보면 그가 얼마나 낮은 자존감의 사람인지 알 수 있습니다.

"이 종이 무엇이기에 왕께서 죽은 개 같은 나를 돌아보시나이까"(삼하 9:8).

므비보셋은 자신을 "죽은 개"라고 표현했습니다. 그 정도로 자신이 형편없는 존재라고 생각한 것입니다. 본래 므비보셋은 요나단의 아들로 왕족 출신이었습니다. 이스라엘 첫 번째 왕인 사울이 그의 할아버지였습니다. 그런데 이웃 나라 블레셋과 전쟁을 하면서 할아버지 사울도, 아버지 요나단도 죽었다는 소식을 들은 하인이 당시 어린 므비보셋을 안고 급히 도망가다 땅에 떨어뜨려 두 다리를 절게 되었습니다. 한순간에 집안이 망하고, 자신은 다리를 저는 장애인이 되는 기막힌 상황에 처하게 된 것입니다.

므비보셋이 자신을 "죽은 개"라고 표현한 것은 목숨을 부지하기 위해 극도의 겸손을 나타낸 것일 수도 있지만, 그 표현은 자기 비하와 극도로 낮은 자존감의 증거라 할 수 있습니다.

오늘날 많은 그리스도인도 세상의 기준과 비교하며 낮은 자존감으로 살아갑니다. 우리는 스스로를 어떤 존재라고 생각합니까? 어떤 상황에서도 흔들리지 않고 바른 자존감을 갖고 살아가려면 어떻게 해야 할까요?

자신을 제대로
바라보고 있는가

일반적으로 세상에서는 성취 및 관계 여부, 외모, 사회적 신분과 지위로 사람의 가치를 평가합니다. 그러나 이 요소들은 변하는 것입니다. 내가 노력해서 원하는 사회적 신분을 얻을 수는 있지만 한순간에 잃을 수 있습니다. 외모도 시간이 지나면서 변하기 마련이고, 내 의지와 관계없이 불의의 사고로 말미암아 장애가 생길 수도 있습니다. 므비보셋이 바로 그런 경우입니다.

"사울의 아들 요나단에게 다리 저는 아들 하나가 있었으니 이름은 므비보셋이라 전에 사울과 요나단이 죽은 소식이 이스르엘에서 올 때에 그의 나이가 다섯 살이었는데 그 유모가 안고 도망

할 때 급히 도망하다가 아이가 떨어져 절게 되었더라"(삼하 4:4).

다리를 절고 싶어서 절게 된 사람이 누가 있을까요? 므비보셋에게 상상조차 할 수 없는 일이 일어나고 말았습니다. 하지만 이런 일은 누구에게나 일어날 수 있습니다. 전혀 예상치 못한 일로 신분과 능력이 추락하고, 다른 이와의 관계가 깨지기도 합니다. 심지어 사랑하는 배우자와 헤어지고 우리 의지와 상관없이 기막힌 상황에 이르게 됩니다.

그러면 나는 외모, 신분, 능력이 있을 때는 가치 있는 존재이고 이런 요소들이 사라지면 나의 가치 또한 추락합니까? 이렇게 생각하도록 조장하는 것이 현재 우리가 사는 세상입니다. 왜 사람들은 이렇게 비정상적으로 자신을 받아들이며 살게 되었을까요? 바로 사탄이 사람의 생각을 잘못된 가치관으로 세뇌시킨 결과입니다.

하나님 나라의 가치관은 그렇지 않습니다. 우리는 각각 다른 사람과는 다르게, 유일한 존재로 지음을 받았습니다. 각 사람의 모습은 하나님이 내게 선물로 주신 것입니다. 그것이 하나님 나라의 창조 질서입니다. 서로 다른 능력을 받아 서로를 위해 사용하고, 배려하고 세워 가며 살도록 지으셨습니다.

하나님과 관계없이 사는 사람은 세상이 만든 문화에 익숙하기 때문에 외모, 능력, 신분이 추락하면 가치 없는 존재가 되었다고 생각합니다. 누가복음 15장을 보면 아버지를 떠난 둘째 아들이 재산을 다 잃고 난 후 스스로를 가치 없는 존재로 여겼습니다. "나를 품꾼의 하나로 보소서 하리라"(눅 15:19)고 할 만큼 자신의 존재 가치를 평가절하했습니다. 자신을 아들에서 종으로 인식하는 둘째 아들은 얼마나 고통스러웠을까요? 그러나 아버지는 돌아온 아들을 보고 뛰어나가서 안아 주고, 손에 가락지를 끼우고, 신발을 신겨 주었습니다. 그를 품꾼이 아닌 아들로 여긴 것입니다.

그렇다면 사람은 언제 자신의 가치를 제대로 알게 될까요? 하나님 아버지께 돌아올 때입니다. 바울은 누구든지 그리스도 안에 있으면 새로운 피조물이라고 했습니다(고후 5:17). 나 한 사람을 새로운 피조물로 만들기 위해 예수님이 자신의 생명까지 희생하실 만큼 우리는 귀한 존재입니다.

하나님의 관점으로
바라보라

자신을 "죽은 개"로 여겼던 므비보셋과 달리, 그를 부른 다윗은 자신의 출생과 인생을 하나님의 관점으로 본 대표적 인물이라 할 수 있습니다. 다윗은 "주께서 내 내장을 지으시며 나의 모태에서 나를 만드셨나이다 내가 주께 감사하옴은 나를 지으심이 심히 기묘하심이라 주께서 하시는 일이 기이함을 내 영혼이 잘 아나이다"(시 139:13-14)라고 노래했습니다. 하나님이 모태에서 지으신 자신의 모습에 대해 감사하는 수준을 넘어 신비스럽다고 했습니다.

만약 다윗이 세상의 가치 기준으로 자신을 보았다면 비관하며 살기에 충분했을 것입니다. 형들은 남자답고 씩씩하고 리더십도 있어서 전쟁을 치르러 나간 용사들이었지만, 그는 형제 중 말째였고, 아버지의 심부름으로 음식을 들고 전쟁터에 나가 있는 형님들의 안부를 살피러 간 처지에 불과했기 때문입니다. 사무엘 선지자가 사울왕의 뒤를 이을 왕을 찾기 위해 이새의 집에 갔을 때 아버지 이새가 다른 아들들은 모두 한자리에 모았지만, 막내 다윗은 아예 부르지도 않을 정도로 그는 가정에서 보잘것없는 존재였습니다.

그런 다윗이 하나님의 군대 이스라엘을 모독하는 골리앗을 보았을 때 자신의 외모와 신분에 눌리지 않고 물맷돌로 싸울 용기를 냈다는 것은 매우 놀라운 일입니다. 도대체 그 힘은 어디에서 나왔을까요? 다윗은 골리앗과 자신을 비교하지 않았고, 자신의 왜소함에 대해 원망하지도 않았습니다. 대신 자신의 모든 상황을 하나님의 관점으로 보았습니다.

"오늘 여호와께서 너를 내 손에 넘기시리니 내가 너를 쳐서 네 목을 베고 블레셋 군대의 시체를 오늘 공중의 새와 땅의 들짐승에게 주어 온 땅으로 이스라엘에 하나님이 계신 줄 알게 하겠고"(삼상 17:46).

사람들은 자신이 성취한 것에 대해 자랑스럽게 말하며 자신을 가치 있는 존재로 여깁니다. "내가 이것을 해 냈어!", "내가 이번에 우승했어!", "내가 1등 먹었어!" 하며 자부합니다. 또한 자신의 신분 상승을 가치 있게 여기는 사람들이 많습니다. 이런 사람들의 문제는 자기보다 더 나은 신분과 능력을 가진 사람이 항상 존재한다는 사실을 모른다는 것입니다.

치열한 경쟁에서 다른 사람을 제치고 정상에 올랐는데, 자기보다 더 높은 곳에 있는 사람이 수두룩하다는 것을 깨닫는 순간 기가 죽습니다. 그런가 하면 자기보다 못한 사람을 낮게 여기기도 합니다. 성경은 "우리는 자기를 칭찬하는 어떤 자와 더불어 감히 짝하며 비교할 수 없노라 그러나 그들이 자기로써 자기를 헤아리고 자기로써 자기를 비교하니 지혜가 없도다"(고후 10:12)라고 말합니다. 단지 더 많이 성취하고, 높아지려는 목적으로 산다면 반드시 실망하게 될 것입니다. 사는 동안 결코 진정한 위로를 얻지 못하기 때문입니다.

하이델베르크 교리문답 제1문은 "사나 죽으나 그대의 유일한 위로는 무엇인가?"라는 질문으로 시작합니다. 이에 대한 답은

"사나 죽으나 나의 몸도 영혼도 나의 것이 아니요 나의 신실한 예수 그리스도의 것입니다. 그는 그의 보혈로 나의 모든 죗값을 치르셨고 나를 마귀의 모든 권세에서 구원해 내셨으며 하늘에 계신 나의 아버지의 뜻이 아니고서는 머리털 하나도 떨어질 수 없도록 과연 모든 것이 협력하여 나의 구원을 이루도록 그렇게 나를 보존시켜 주십니다"입니다.

바울은 그리스도인의 몸을 하나님의 성전이라고 가르치며 우리의 몸과 능력, 모든 것을 하나님의 영광을 위해 사용하라고 분명히 가르쳤습니다(고전 6:19-20). 사탄의 계략으로 세상 가치관에 사로잡히기 시작하면 그 달콤한 함정에서 빠져나오기가 쉽지 않습니다.

다른 사람보다 더 앞서가려 하고, 더 높은 자리에 있어야 하는 세상 질서에 삶의 목적을 둔다면 반드시 불행해진다는 점을 기억하십시오. 그런 삶은 하나님의 가장 기본적이고 중요한 뜻을 거역하며 사는 어리석은 인생임을 잊지 말아야 합니다. 나를 지으신 하나님의 뜻을 알고, 하나님과 바른 관계를 맺고, 나의 진정한 가치를 발견하며 사는 것이 중요합니다. 그러므로 나의 가치는 하나님과의 관계를 통해서만 제대로 깨달을 수 있습니다.

있는 그대로를
사랑하게 되다

다윗왕이 친구 요나단의 아들 므비보셋을 불러 안부를 묻고 그를 선대한 일은 친구 요나단과의 약속을 지키기 위한 아름다운 이야기입니다. 그러나 이 사건을 단지 약속을 지키는 다윗의 의리에 관한 이야기로만 이해한다면 성경의 의도를 놓치는 것입니다.

성경을 관통하는 주제가 하나님이 자기 백성을 찾아 회복하시는 구원의 역사이듯이, 다윗과 므비보셋의 이야기 역시 다윗을 통해 하나님이 자신의 약속을 어떻게 이루어 가시는지를 보여 주는 하나님의 구원 이야기입니다. 다윗이 낮은 자존감에서 벗어나지 못하는 므비보셋을 찾아 부르듯이, 만왕의 왕이신 하나님은 자기 백성을 지금도 찾아 부르고 회복시키십니다.

다윗왕은 먼저 두려워하는 므비보셋을 안심시키고 은총을 베풀 것을 약속한 후, 항상 왕의 상에서 함께 식사하도록 허용합니다(삼하 9:7). 왕의 식탁에서 함께 음식을 먹도록 허락한 것은 므비보셋을 왕족 신분으로 회복시켰다는 의미입니다. 본문이 이야기하는 사건의 핵심이 바로 여기에 있습니다. 왕이 우리를 은혜로 불러 주셔서 왕족의 신분으로 회복시키시고, 왕과 함께 삶을 누리도록 하신다는 것입니다.

하나님은 자신의 의지와 관계없이 일어난 사건 때문에 상처를 안고 낮은 자존감에 시달렸던 므비보셋을 회복시키셨듯이 오늘 우리도 회복시키십니다. 현재 기구한 환경 때문에 자신을 하찮게 생각하며 낮은 자존감으로 살아가는 사람이 있다면 그는 하나님의 회복하심을 신뢰하지 않는 것입니다. 예수 믿는 우리는 이미 새로운 존재가 되었습니다. 물론 므비보셋이 왕의 식탁에 초청을 받았다고 해서 절게 된 다리까지 회복된 것은 아닙니다. 그가 왕의 음식을 함께 먹어도 이 땅에 사는 동안은 계속 다리를 절었을 것입니다. 중요한 것은 이제 그는 왕의 은혜를 입고 살아가는 존재가 되었다는 점입니다.

저와 함께했던 사역자 중 한 사람은 유난히 적극적이고 밝은 성품으로 사역을 잘했습니다. 한번은 그가 설교 중에 자신의 어린 시절 이야기를 들려주었습니다. 7살 무렵 자신보다 어린 사촌동생과 함께 장난치다 실랑이가 벌어졌다고 합니다. 사촌동생이 "돌려줘, 내 거야!" 하면서 물통 손잡이를 던졌는데, 마침 그가 돌아보는 순간 손잡이의 철사가 그의 한쪽 눈에 정확히 맞고 말았습니다. 놀란 그의 어머니는 눈에서 피가 나는 아이를 업고 헐레벌떡 병원에 뛰어갔지만 워낙 시골이라 병원에 도착하기까지 시간이 많이 걸렸고, 결국 그날 이후 그는 한쪽 눈의 시력을 완전히 잃고 말았습니다.

육체적인 불편도 심했지만 그를 더 고통스럽게 한 것은 초등학교 시절 친구들의 놀림이었습니다. 그 후 신학을 공부하고 교회에서 교역자로 봉사하기 위해 면접을 볼 때에도 잃어버린 한쪽 눈으로 인해 거절을 당한 적도 있다고 했습니다. 자연스레 사람들의 시선을 의식하며 낮은 자존감으로 살 수밖에 없었습니다. 고통스러운 현실이었습니다.

그러나 그가 예수님을 믿고, 하나님이 자신을 사랑하신다는 사실을 깨닫게 되자 자신의 가치는 외부에서 오는 것이 아니라 하나님이 값없이 주신 것임을 알게 되었습니다. 그 후부터 그는 하나님의 은혜를 감사하며 살게 되었다고 고백했습니다.

현재 기막힌 현실 때문에 의기소침해 있습니까? 남들과 비교하며 스스로를 기죽게 하는 것이 있습니까? 우리는 신분과 외모와 능력과 관계없이 가치 있는 존재입니다. 나 한 사람을 회복하기 위해 하늘의 보좌를 내려놓고 이 땅에 예수님이 오실 만큼, 나를 온전히 회복하기 위해 예수님이 십자가에 못 박혀 죽으실 만큼 나는 가치 있는 존재입니다.

사탄이 조장해 놓은 세상의 가치관에 침몰되면 낮은 자존감에 시달릴 수밖에 없습니다. 현재 누리는 우리의 신분, 외모, 능력은 영원하지 않음을 기억해야 합니다. 오직 예수 그리스도 안에 있는 것만이 변하지 않는 가치임을 믿고, 이 땅에서 하나님의 자녀로 살아가야 합니다. 그렇게 유일한 위로이신 예수님을 의지하며 이 땅에서부터 천국을 누리기 바랍니다.

변 화 를 위 한 물 음

〰〰〰〰〰〰〰〰〰〰〰〰〰〰〰〰〰〰〰〰〰〰〰〰〰〰

1. 나를 낮은 자존감에 사로잡히게 만드는 것은 무엇입니까?

2. 낮은 자존감에 사로잡히면 관계에 어떤 위험이 있습니까?

3. 낮은 자존감을 극복해 나가는 지혜는 무엇입니까?

과거의 실수에 갇힌 이에게

시 32:1-5

　　죄책감이란 과거의 잘못과 실수에 대해 후회하는 감정입니다. 옛날 미국 인디언들은 모든 사람의 마음속에는 세모난 쇳조각이 있어서 사람이 나쁜 짓을 할 때마다 그 쇳조각이 돌아가면서 마음을 아프게 하는데, 이때 느끼는 감정이 죄책감이라고 했습니다. 쇳조각이 조금만 꿈틀거려도 아픔을 느끼듯이 죄책감의 고통을 견딜 사람은 없습니다. 양심적인 사람이라면 이 죄책감 때문에 잠을 못 이룹니다.

성경에도 죄책감으로 괴로워한 이들이 있습니다. 대표적으로 가룟 유다입니다. 예수님의 열두 제자 중 한 명이었던 유다는 잘못된 선택을 한 후 죄책감에 비극적인 최후를 맞이했습니다. 다윗은 부하 장군 우리아의 아내 밧세바가 목욕하는 것을 보고 충동을 일으켜 왕궁으로 데리고 와 간음을 하고, 그 죄를 은폐하기 위해 결국 우리아까지 극비리에 죽였습니다. 이 일은 완전범죄로 끝나는 것처럼 보였지만 그것이 아니었습니다.

시편 32편과 51편은 죄책감이 주는 고통이 얼마나 큰지를 깨닫게 합니다. 다윗은 이 죄책감에서 벗어나기 전까지의 고통의 무게를 이렇게 묘사했습니다.

"내가 죄를 고백하지 않고 입을 다물고 있을 때, 뼛속 깊이 사무치는 아픔을 느끼고 온종일 괴로워 신음하였습니다"(시 32:3, 쉬운성경).

이처럼 우리도 과거의 잘못 때문에 죄책감에 짓눌려 괴로워할 수 있습니다. 과거의 잘못과 실수가 없는 사람은 없습니다. 이미 엎질러진 물이고, 후회의 감정이 마구 일어납니다. 양심을 깨우는 죄책감이 일어나기 때문입니다. 이런 죄책감은 모든 사람으로 하여금 하나님 앞에 나아가게 하는 역할을 하지만 이 죄책감을 잘못 다루면 오히려 그릇된 삶을 낳고 불행을 경험하며 살게 됩니다. 삶의 생기가 사라지는 것은 물론이고, 인간관계도 원만하지 못하게 되고, 나아가 하나님의 사랑과 용서의 복음마저 잘 수

용하지 못하고 흔들리게 됩니다. 그러므로 죄책감을 바로 다루는 것은 매우 중요합니다.

여전히 해결되지 않은
죄책감이 있다

우리 내면에 해결되지 않은 죄책감이 있으면 다음의 몇 가지 증상들이 나타납니다. 가장 먼저, 과거의 잘못으로 인한 죄책감이 고개를 들 때 나타나는 반사적인 행동은 침묵입니다. 다윗 역시 자신의 죄에 대해 침묵했습니다. 수치스러운 일은 그 누구에게도 말하기 싫습니다. 수치가 드러나면 자신의 힘으로 감당할 수 없는 상황이 벌어진다는 것을 알기 때문에 아무리 가까운 사이라도 말하기 어렵고, 심지어 하나님께도 고백하기를 거부합니다. 그 결과 다윗의 고백처럼 하나님과 나 사이에 관계의 단절이 생겨 하나님의 음성은 들리지 않고, 오직 자신의 신음 소리만 들릴 뿐입니다. 다윗은 바로 이 시기에 자신의 뼈가 쇠했다고 하는데, 이것은 건강을 잃었다는 말입니다.

둘째는, 슬픔입니다. 죄책감이 고개를 내미는데 기뻐할 사람은 아무도 없습니다. 다윗은 온몸에 생기가 빠져나갔습니다. 그 감정을 "낮이고 밤이고 주께서 손으로 나를 짓누르시니 무더운 여름날 과일의 진액이 빠지듯 탈진하게 되었습니다"(시 32:4, 쉬운성경)라고 표현했습니다. 노래를 잃어버리고 활력을 잃어버리고 남아 있는 것은 오직 슬픔뿐이었습니다.

셋째는, 은폐입니다. 범죄자들이 범행 후 공통적으로 하는 행동 중 하나가 은폐입니다. 범죄의 흔적을 지우기 위해 애씁니다. 그러나 물리적으로는 범죄 행위를 은폐할 수 있을지 모르지만 죄책감이 몰고 오는 영적, 정신적 고통과 나아가 육체적 고통은 결코 감출 수가 없습니다.

다윗은 밧세바와 저지른 일을 숨기기 위해 전쟁터에 나가 있는 우리아를 불러들여 아내인 밧세바와 함께 지내도록 했습니다. 그러나 군인 정신에 투철했던 우리아가 "동료와 부하가 전쟁터에 있는데 제가 어찌 집에서 아내와 잘 수 있겠습니까?" 하며 집으로 가지 않자 당황한 다윗은 총사령관 요압 장군에게 우리아를 최전방에 보내 죽게 하라는 청부 살인 명령을 내렸습니다. 죄책감을 잘못 다루면 더 큰 죄를 짓게 되고 다른 사람까지 범죄하도록 하는 끔찍한 일이 일어납니다.

그 후 다윗은 약 1년 동안 영적, 심리적으로 하나님과 사람들로부터 고립된 채 살았습니다. 처음에는 고통스러웠지만 시간이 지날수록 죄책감도 무뎌지고 죄책감이 주는 고통에도 무뎌져 가는 파렴치한 사람이 되었습니다.

그렇다면 어떻게 해야 영혼과 육체를 망가뜨리는 죄책감에서 벗어날 수 있을까요?

자백할수록
가벼워진다

죄책감에서 벗어나려면 먼저 그 죄가 자신의 선택이었다는 것을 인정해야 합니다. 자신의 죄를 인정하면 해결의 문이 열리지만 다른 사람이나 환경 탓으로 돌리면 해결의 문이 닫힙니다. 많은 사람은 무슨 일이 잘못되면 남의 탓으로 돌리고 자신은 빠져나오고 싶어 합니다. 다윗 역시 밧세바에게 잘못을 돌릴 수도 있었습니다. 그러나 다윗은 선지자 나단의 지적에 자신의 죄를 인정했습니다. 그 점이 중요합니다.

"하나님이여 주의 인자를 따라 내게 은혜를 베푸시며 주의 많은 긍휼을 따라 내 죄악을 지워 주소서 나의 죄악을 말갛게 씻으시며 나의 죄를 깨끗이 제하소서 무릇 나는 내 죄과를 아오니 내 죄가 항상 내 앞에 있나이다"(시 51:1-3).

자신의 죄와 잘못을 인정한 표현이 여덟 번이나 있습니다. 다윗은 이것이 그 누구의 잘못이 아니라 "나의 잘못이요 나의 죄악"이라고 명확하고 분명하게 자백했습니다.

자신의 죄를 인정하는 것이 출발입니다. 내가 이렇게 된 것은 부모 때문이고, 나라가 이 지경이 된 것은 정치가 때문이고, 이번 일이 잘못된 것은 저 사람 때문이고, 내 인생이 이렇게 꼬이게 된 것은 배우자를 잘못 만났기 때문이라고 한다면 그 사람의 삶에는 먹구름이 뒤덮일 것입니다. 미국 해리 트루먼Harry Truman 대통령은 자신의 책상 앞에 "모든 책임은 내가 진다"는 말을 붙여 놓았다고 하는데, 이런 태도가 나 자신은 물론 우리 사회를 온전하게 합니다.

"내가 주께만 범죄하여 주의 목전에 악을 행하였사오니"(시 51:4)라고 죄를 인정한 다윗은 그의 얼굴을 하나님께로 향했습니다. 모든 죄는 일차적으로 하나님께 대한 범죄입니다. 그렇기에 먼저 하나님께 자백해야 합니다. 왜냐하면 사소한 잘못에서 살인까지 모든 죄의 뿌리는 우리를 창조하시고 삶의 매 순간 우리를 기르시는 하나님께 대한 모욕이기 때문입니다. 인간에게 죄를 입히기 전에 죄는 이미 인생의 법도를 제정하신 하나님의 인격에 피해를 입히고 하나님을 모독한 것입니다.

다윗이 "내가 주께만 범죄하여"라고 한 이유가 여기에 있습니다. 범죄는 하나님께 행한 것이고, 용서도 하나님으로부터 옵니다. 하나님 외에는 아무도 죄를 용서할 수 없습니다. 누가 나에게 죄를 짓는다면 개인적으로 내가 용서할 수 있으나 그 죄책을 제할 수는 없습니다. 인간인 나에게는 하나님께 대한 범죄를 제거할 수 있는 능력이 없기 때문입니다. 용서는 오직 하나님 한 분만이 하실 수 있습니다.

우리가 하나님께 자백해야 하는 이유가 바로 여기에 있습니다. 이 땅에서 내가 원하는 명예와 물질, 능력과 사회적 위치를 다 얻는다 하더라도 마음속에 석연치 않은 그 무엇이 있다면 결코 행복할 수 없습니다. 누가 이 세상에서 행복한 사람입니까? 다윗은 죄를 용서받고 잘못을 용서받은 사람은 행복한 사람이라고 외쳤습니다(시 32:1).

다윗이 잃어버린 기쁨과 행복을 다시 누린 때는 언제입니까? 바로 자신의 죄를 자백했을 때였습니다. 하나님 앞에서 죄를 덮어 두지 않고 주님께 숨김없이 털어놓았습니다. 지은 죄를 숨기지 않았고 '내 죄를 주께 고백할 것이다. 내 잘못을 여호와께 아뢰리라' 하고 다짐했습니다(시 32:5). 죄책감은 시간이 간다고 저절로 사라지지 않습니다. 오직 하나님께 자백할 때만이 해결됩니다.

대면이 필요할 경우
대면하라

미국 기독교 방송 〈터닝 포인트〉의 진행자인 데이비드 제레마이어David Jeremiah 목사는 고등학교 시절에 있었던 일에 대해 말한 적이 있습니다. 그때 제레마이어 목사는 어느 철물점에서 일을 했는데 그 가게 주인은 좋은 사람이었지만 엄했고 그에게 험한 일을 많이 시켜서 집에 돌아올 때면 온몸이 더러워지곤 했습니다.

하루는 손님이 물건을 사러 왔는데 카운터에 사람이 없어 한창 허드렛일을 하고 있던 자신이 도와야 했습니다. 20달러짜리 물건을 산 손님은 현금을 주고 갔고, 그는 돈을 일단 자기 주머니에 찔러 넣고는 다시 가서 자신이 하던 일을 계속했습니다. 일을 끝마치고 집에 와 보니 20달러 지폐가 그대로 주머니에 있었습니다. 물론 그것은 훔친 돈이 아니라 순전히 실수였습니다. 당시 20달러면 큰돈이었고 그는 가난한 십 대였습니다. 그는 순간적으로 '우리 사장은 헐값으로 내게 중노동을 시키고 야근도 시켰는데 시간 외 수당도 주지 않았어!'라며 핑곗거리가 생각났습니다. 그래서 그 돈을 가졌고 아무 일도 없는 듯 살아갔습니다.

그런데 그에게 정말 이상한 일이 일어났습니다. 그가 어떤 일을 하려고만 하면 문득 그 생각이 나는 것이었습니다. 하지만 문제는 어떤 식으로 배상하든 이 일을 자백하면 자신은 물론 근처에 있는 기독교 대학 학장이었던 아버지까지 창피를 당하실 수 있었습니다. 그는 아버지 체면을 지켜 드리기 위해서라도 돈을 돌려줄 수 없었습니다.

그 후 세월이 많이 흘러 그는 신학을 공부하고 결혼을 하고 뉴저지에 있는 한 교회의 중고등부를 맡아 사역을 했습니다. 어느 날 기독교 학생 단체 수련회에서 학생들에게 말씀을 전해 달라는 초청을 받고 혼자 차를 타고 가는데 케케묵은 20달러 사건이 다시 생각나며 양심의 가책을 느꼈습니다. 그는 차를 세우고 햇수만큼 이자를 계산하여 60달러를 봉투에 넣고 아무 쪽지도 없이 수신인 주소만 적어 옛 철물점으로 보냈습니다. 그러면 속이 편할 줄 알았는데 여전히 편치 않았습니다.

세월이 또 흘러 인디애나 포트웨인 지역에서 목사가 되어 교회를 섬겼습니다. 어느 날 그 도시에 철물 판매업자 회의가 열렸습니다. 제레미아어 목사가 설교를 맡아 강단에 서 있는데 예배당 문이 활짝 열리면서 한 부부가 들어왔습니다. 바로 옛 철물점 주인 부부였습니다. 데이비드 제레미아어 목사는 그 순간 마치 간음을 하고 청부 살인을 한 다윗을 향해 책망하는 남루한 옷차림의 나단 선지자가 자신에게 앙상한 손가락을 들이대는 것 같았다고 했습니다. 게다가 이 연세 든 부부는 앞으로 뚜벅뚜벅 걸어와서 앞에서 셋째 줄, 그의 코앞에 앉았습니다. 그는 그날 설교를 어떻게 했는지 모르겠다고 했습니다. 그는 그 노부부에게 내려가 예배 후에 잠시 만나자고 말했고, 자신의 서재에서 이야기를 나누었습니다.

"아무 설명 없이 60달러만 들어 있는 봉투를 받으신 적이 있습니까?"

"있습니다. 정말 이상한 일이었지요."

제레마이어 목사는 평정심을 잃고 울면서 자초지종을 말했습니다. 노부부는 그를 안아 주며 "잘했다. 사랑한다"고 말하며 감사를 표했습니다. 제레마이어 목사는 그때의 기쁨은 말로 표현할 수 없었고, 몸이 날아갈 것처럼 기뻤다고 했습니다.

회개는 정말 힘든 작업입니다. 그러나 자백하고 회개한 사람만이 누리는 기쁨이 있습니다. 죄로부터의 자유함이란 그 무엇으로도 표현할 수 없습니다. 인생 여정에서 바른 행복을 누리는 지혜는 한순간의 유익과 쾌락을 위해 선택하는 것이 아닙니다. 비록 과거에 엎질러진 물이 있어도 하나님이 안내하시는 길을 선택할 때 행복이 있습니다. 그런데 회개보다 더 중요한 것은 바로 예수님을 믿는 일입니다.

스스로 풀려고
너무 애쓰지 마라

요한은 성도들에게 호소하는 마음으로 편지를 썼습니다.

"나의 사랑하는 자녀들이여, 나는 여러분이 죄를 짓지 않게 하려고 이 편지를 씁니다. 그러나 누군가가 죄를 짓는다 하더라도, 우리에게는 우리를 도와주시는 예수 그리스도가 계십니다. 그는 의로운 분이시며, 우리를 대신하여 아버지 앞에서 우리를 변호해 주십니다. 예수님만이 우리의 죄를 위해 화목제물이 되셨으며, 오직 예수님을 통해서만 모든 사람들의 죄가 용서받을 수 있습니다"(요일 2:1-2, 쉬운성경).

사람이 만든 것 가운데 가장 잘 만든 것이 지우개라는 말이 있습니다. 잘못 쓰면 지우고 다시 쓸 수 있기 때문입니다. 우리의 잘못된 과거를 지우고 새롭게 시작하기를 원하는 사람들의 심리를 엿볼 수 있습니다. 그러나 죄는 한 번 짓고 지우개로 지운다고 해서 없어지는 것이 아닙니다. 죄의 대가를 치르기 위해 고행을 하고, 사회봉사를 열심히 하고, 피해자나 피해자의 가족들을 찾아가서 용서를 구했다고 해서 해결되는 것이 아닙니다. 죄 문제는 사람들 사이에서만의 문제가 아니라 하나님과 관계된 문제이고 오직 하나님만이 푸실 수 있는 문제이기 때문입니다. 그래서 사람에게 용서를 구하는 것도 필요하지만, 성경은 분명히 말합니다.

"누군가가 '나는 하나님을 알아요!'라고 말하면서 그분이 명령하신 것에 순종하지 않는다면, 그 사람은 거짓말쟁이입니다. 그에게는 진리가 없습니다"(요일 2:1, 4, 쉬운성경).

예수를 믿고 그분을 사랑해야 할 이유가 바로 여기에 있습니다. 우리는 누군가가 우리에게 저지른 악한 행동을 용서해 줄 수 있을 것입니다. 그것은 그가 범한 악한 행위에 대한 나의 분노와 보복 내지 복수할 마음을 내려놓는다는 의미입니다. 즉 나의 느낌과 감정을 내려놓는다는 것이지 실제로 그가 범한 행위를 용서하는 능력이 우리에게 있다는 의미는 아닙니다. 이 세상에 어느 누구도 사람을 실제로 용서해 줄 수 있는 능력을 지닌 사람은 없습니다. 실질적인 용서는 하나님만이 하실 수 있기 때문입니다.

하나님의 사랑은
우리의 어떤 죄보다 크다

모든 인생이 반드시 깨달아야 할 놀라운 진리는 하나님은 거룩하셔서 티끌만 한 죄도 용납하실 수 없지만, 사람이 지은 그 어떤 큰 죄보다 예수님이 십자가 위에서 행하신 일이 더 위대하기

때문에 하나님이 용서하시지 못할 큰 죄는 없다는 것입니다. 어떤 이들은 현재 기억하기도 싫은 끔찍한 죄를 과거에 저지른 적이 있을 것입니다. 또한 다윗처럼 가장 가까운 이들을 배반하고 피해를 입힌 사람도 있을 것입니다.

그러나 우리가 분명히 알아야 할 두 가지가 있습니다. 우리는 하나님 앞에 죄를 지었다는 사실과 하나님의 사랑은 우리가 지은 그 어떤 죄보다 위대하다는 사실입니다. 하나님의 사랑은 우리가 지은 어떤 죄보다 더 큽니다. 예수님은 나의 죄를 포함하여 온 세상의 죄를 위해 죽으셨습니다. 이것이 하나님의 약속의 말씀이고 죄지은 우리에 대한 하나님의 응답입니다.

하나님은 죄가 없는 거룩하신 분이기 때문에 죄를 보면 너무도 슬퍼하시고 고통스러워하십니다. 이 고통을 뿌리 뽑기 위해 인간의 모든 죗값을 대신 치르게 하도록 아들을 보내셨습니다. 그리고 하나님은 우리에게 말씀하십니다.

"나는 더 이상 네 죄를 모른다. 너도 모르기를 원한다."

예수님이 현장에서 간음하다 붙들려 온 여자를 정죄한 사람들에게 하신 말씀도 동일합니다. "죄 없는 자가 먼저 돌로 치라"고 하셨을 때 사람들은 한 사람씩 다 떠났습니다. 홀로 남은 그 여인에게 예수님이 "여자여, 너를 고소하던 사람들이 어디 있느냐?" 하시자, 여인은 "주님, 없습니다"라고 말했습니다. 그때 예수님이 말씀하셨습니다.

"나도 너를 정죄하지 아니하노니 가서 다시는 죄를 범하지 말라"(요 8:11).

fffe

죄책감을 잘못 다루면 스스로 고통의 늪에 처하게 되고 하나님께로부터 점점 멀어지게 됩니다. 다윗은 자신이 범한 죄를 자백하고 회개했을 때 고통이 사라지는 것은 물론 자신의 죄를 용서하신 하나님의 보좌 앞에 달려가는 기쁨을 누렸습니다. 다윗은 세상에서 가장 행복한 사람은 그릇된 죄책감으로부터 벗어난 영혼이라고 지금도 큰 소리로 외치고 있습니다.

변 화 를 위 한 물 음

1. 누구에게도 자백하지 못하는 죄가 있습니까? 그렇다면 그것이 내 삶에 어떤 영향을 주고 있습니까?
2. 죄책감이 삶에 미치는 부정적인 증상에는 무엇이 있습니까?
3. 죄책감을 올바르게 해결하기 위해서는 어떤 과정이 필요합니까?

마음 깊이 보기 1

교만

눅 18:9-14

    우리가 수시로 마음을 살펴야 하는 이유는 단지 내면의 문제를 풀기 위해서만이 아닙니다. 마음을 살피지 않고 마음대로 살기 시작하면 그것이 자칫 죄가 될 수 있습니다. 성경은 "그의 마음에 싫어하시는 것이 예닐곱 가지"(잠 6:16)라고 말했고, 예수님도 죄는 마음에서부터 시작된다고 말씀하셨습니다. 죄의 근원을 찾기 위해서는 마음을 더 깊이 보는 과정이 필요합니다.

4세기경 이집트 사막의 수도사 에바그리우스 폰티쿠스 Evagrius Ponticus는 "죽음에 이르게 하는 치명적인 죄 7가지"를 정리했습니다. 그것은 교만, 질투, 분노, 게으름, 탐욕, 탐식, 정욕입니다. 그러다가 6세기에 이르러 교황 그레고리우스 1세 (Gregorius I, 주후 540-604)는 죽음에 이르는 7가지 대죄를 공식 교리로 정하여 성도들이 구체적으로 이 죄를 멀리하는 경건 훈련을 하도록 했습니다.

여기서 7가지 죄 중 첫째가 교만이라 했습니다. 그만큼 교만이 가장 치명적인 죄라는 의미일 것입니다. "교만이 모든 죄악의 어머니다"라는 토마스 아퀴나스의 말처럼 교만한 마음으로는 이 땅에서 천국을 누릴 수 없음을 단적으로 보여 줍니다.

교만은 사탄으로부터 시작되었습니다. 교만은 바로 사탄의 뒤를 따르는 것이기 때문에 그레고리우스는 교만을 7가지 대죄 중의 하나가 아니라 "다른 대죄의 뿌리"라고 말했습니다. 다른 모든 죄가 교만에서 나온다는 것입니다. C. S. 루이스 C. S. Lewis 도 "교만이야말로 죄 중의 죄요 가장 큰 죄이며 다른 모든 죄악은 교만에 비하면 마치 벼룩에 물린 자국에 불과하다"라고까지 말했습니다.

교만이란 자기를 높이는 것입니다. 교만이란 라틴어로 '수페르비아Superbia'인데, '자신을 실제의 상태보다 더 높이는 것'을 의미합니다. 낮은 자존감도 문제가 되지만, 자존감의 기반을 우리의 성취에 둘 때 문제는 더 커집니다. 자존감의 문제는 이 지점에서 교만과 만납니다.

일반적으로 다른 사람보다 가진 것이 많거나, 실력이 있거나, 지위가 높은 사람은 다른 사람을 낮게 여기는 경향이 있습니다. 자신의 능력에 대한 과신은 하나님을 바로 아는 데 방해가 됩니다.

성경은 교만이 단순히 자기를 높이는 것을 넘어 하나님을 떠나 자신이 삶의 주인으로 살아가려는 태도임을 지적합니다. 아담과 하와가 사탄의 말을 믿고 하나님의 말씀을 무시했던 것은 바로 스스로 하나님이 되고자 하는 교만 때문이었습니다. 성 어거스틴St. Augustine도 "인간의 첫 범죄는 하나님의 통치를 거부하고 스스로 하나님처럼 되어 자신과 세계를 자기 마음대로 살려고 한 것"이라고 했습니다. 시날 평지에서 바벨탑을 쌓았던 사람들이 "우리 이름을 내고 온 지면에 흩어짐을 면하자"(창 11:4)라고 했던 것도 이와 다르지 않습니다. 자기 이름을 내고 자기 이름을 날리는 것을 좋아하는 것은 세상의 가치를 따르는 것이지, 하나님 나라의 가치는 아님을 명심해야 합니다.

교만한 사람은 남과 자신을 비교하며 스스로에게 우월감을 부여합니다. 예수님의 비유 속에 나오는 바리새인이 교만의 좋은 예입니다. 바리새인의 비교 대상은 당시 사회적으로 불경건하다고 인식된 세리였습니다. 자신보다 못한 사람과 자신을 비교하면서 스스로 의로운 사람이라고 생각했습니다. 특히 예수님은 성전에서 기도하는 두 사람, 곧 바리새인과 세리의 기도를 비교하여 말씀하시면서 바리새인이 가진 교만한 마음의 상태를 지적하셨습니다. 기도는 하나님 앞에 자신을 내어놓고 그분의 뜻을 발견하는 영적인 도구입니다. 결코 자신을 드러내는 도구가 되어서는 안 됩니다. 기도이든 구제이든 모든 신앙 행위는 하나님의 은혜를 누리는 방편인데 이것을 다른 사람과 비교하는 것은 너무도 위험합니다.

사람이 스스로 높은 체하는 것은 자신의 실상을 잘 모르기 때문입니다. 하나님 앞에서 자신을 살필 때만이 자신이 어떤 존재인지 알 수 있습니다. 사람 앞에서는 자기를 높이기 위해 본연의 얼굴을 감추고 위장하며 살기 쉽습니다. 따라서 하나님 앞에서 자신의 실상을 바로 보는 것이 교만을 제거할 수 있는 첫 걸음입니다. 우리가 하나님 앞에 서지 않으면 하나님을 알지 못할 뿐만 아니라 자신이 어떤 존재인지 결코 알 수 없습니다.

인간의 실체는 오직 하나님 앞에서 낱낱이 드러나고 밝혀집니다. 마치 한 줄기 빛에 어둠 속의 먼지가 생생히 드러나는 것처럼 하나님 앞에 서면 우리가 한갓 지렁이와 같이 누추한 존재임을 깨닫게 됩니다. 교만에서 떠나려면 하루를 시작하는 아침과 마무리하는 저녁에 "주님, 오늘은 제가 어떠했습니까?" 하며 하나님 앞에서 자신을 살피는 몸부림이 있어야 합니다.

또한 교만에서 벗어나려면 공동체에 속하여 훈련을 받아야 합니다. 공동체에 속한다는 것은 나만의 방식을 고집하는 것이 아니라 공동체가 추구하는 삶의 가치와 방식을 자기의 것으로 삼아 다른 사람과 함께 살아가는 것입니다. 공동체 생활을 위해서는 자신의 우선순위를 공동의 질서와 규율과 특정한 삶의 방식에 두어야 합니다. 그 과정 없이는 공동체 속에서의 삶이 불가능합니다.

교회와 소그룹 공동체 속에서 사회적 신분, 지식, 개인적 성향 및 연령이 다른 사람들과 함께 어울려야 합니다. 교회에 속한다는 것은 단순히 예배에 참석하는 것 이상의 의미가 있습니다. 그리스도인은 교회 공동체를 통해 '자기 안에서의 삶'에서 '우리 안으로의 삶'으로 들어갑니다.

실패

넘어짐도 배움의 과정일 뿐

수 7:12-13

누구에게나 실패는 쓰디쓴 좌절과 아픔을 줍니다. 실패는 낙오자만 하는 것이 아니라 지금까지 성공 가도를 달렸던 사람도 겪습니다. 누구나 실패하고 그 어떤 영역에서도 실패할 수 있습니다. 운동 경기에서, 인간관계에서, 신앙에서, 사업에서, 영적 전투에서도 실패할 수 있습니다.

실패가 무서운 것은 실패 그 자체가 아니라 실패 뒤에 오는 패배감과 상실감 때문입니다. 한 번의 실패가 끝이 아님을 알면서도 우리는 그 순간에 모든 것이 끝났다고 생각하여 삶의 의욕을 잃게 됩니다. 요단강을 건너고, 철벽과 같은 여리고성을 무너뜨린 뒤 여호수아와 이스라엘 백성이 승리의 기쁨에 취해 사기가 하늘을 찌를 때 그들은 아이성에서 어이없이 실패하고 말았습니다. 승리를 자신하며 올라갔는데, 서른여섯 명쯤의 전사자가 나왔고 남은 군사들은 혼비백산하여 퇴각했습니다. 이스라엘이 입은 손상은 단순히 전력상의 손실이 아니라 그들의 용기와 사기가 한순간에 바닥으로 떨어진 것이었습니다. 하나님이 함께하심을 믿고 나갔는데 실패했으며, 그것도 가나안 토착세력에게 패했다는 사실은 너무나도 큰 충격이었습니다.

일이 기대대로 되지 않고, 꼬이고 막히는 실패와 낭패는 우리 모두에게 일어납니다. 그렇다면 실패를 어떻게 다루어야 할까요?

실패가
주는 상실감

대부분의 사람들은 실패한 현실을 객관적으로 보기 어렵습니다. 실패한 사람은 실패 자체에 무게를 두어 낙심하고 좌절합니다. 그리고 원망합니다.

아이성 전투에서 실패한 뒤 그들은 망연자실했습니다. 이제 모든 것이 끝났다고 생각했습니다. 성경은 "백성의 마음이 녹아 물같이"(수 7:5) 되었다고 전합니다. 그리고 불평하고 원망했습니다. "어떻게 이런 일이 일어날 수 있지? 이건 말도 안 돼. 도무지 이해가 안 돼!" 이스라엘의 영적 지도자인 여호수아의 마음도 마찬가지였습니다.

"이르되 슬프도소이다 주 여호와여 어찌하여 이 백성을 인도하여 요단을 건너게 하시고 우리를 아모리 사람의 손에 넘겨 멸망시키려 하셨나이까 우리가 요단 저쪽을 만족하게 여겨 거주하였더면 좋을 뻔하였나이다"(수 7:7).

여호수아 역시 "요단강을 건너게 해놓고 왜 우리에게 이런 일을 당하게 하십니까? 차라리 요단강 동편에 있는 것이 더 낫지 않았습니까?"라고 불평했습니다. 여호수아와 백성의 반응은 동일했습니다. 마치 이스라엘 백성이 홍해 앞에서 애굽 군사들이 뒤쫓아오자 차라리 애굽에 있었더라면 이런 꼴을 당하지 않았을 텐데 왜 우리를 이 광야까지 데리고 왔느냐고 모세에게 불평한 것과 다를 바가 없습니다.

실패하는 사람은 과거를 그리워합니다. 그때가 좋았다고 말합니다. 현실을 바르게 보지 못합니다. 여호수아 역시 현실을 바로 보지 못했습니다. 그들은 이미 요단강을 건넜습니다. 그만큼 진보했습니다. 그러나 실패는 진보를 보지 못하게 합니다. 여호수아와 백성이 생각하지 못한 것이 있습니다. 그것은 바로 하나님의 약속입니다. 가나안 땅을 주신다는 약속입니다. 율법과 계명을 지켜 행하면 형통하리라는 약속입니다. 그들은 좌로나 우로나 치우치지 말고 그 율법과 계명대로 행하면 형통한다는 하나님의 약속을 생각하지 않았습니다.

자기 마음대로
따라간 결과

여기서 이스라엘 백성의 가장 치명적인 잘못은 왜 실패했는지에 대한 자기반성이 없었다는 것입니다. 실패를 넘어서서 새롭게 나아가려면 현실을 바로 볼 수 있어야 하고 왜 실패했는지를 생각해야 합니다. 성경은 이스라엘이 왜 아이성 정복에 실패했는지에 대해 명확하게 밝히고 있습니다. 그들은 하나님께 먼저 묻지 않았고 자기 생각대로 했습니다.

"여호수아가 여리고에서 사람을 벧엘 동쪽 벧아웬 곁에 있는 아이로 보내며 그들에게 말하여 이르되 올라가서 그 땅을 정탐하라 하매 그 사람들이 올라가서 아이를 정탐하고"(수 7:2).

지금까지 여호수아는 하나님께 묻고 하나님이 말씀하시는 대로 행했습니다. 그런데 여리고 승리 이후에 너무 흥분했는지 이번에는 하나님께 묻지 않았습니다. 또한 여기서 그치지 않고, 죄를 범했습니다.

"이스라엘 자손들이 온전히 바친 물건으로 말미암아 범죄하였으니 이는 유다 지파 세라의 증손 삽디의 손자 갈미의 아들 아간이 온전히 바친 물건을 가졌음이라 여호와께서 이스라엘 자손들에게 진노하시니라"(수 7:1).

아간은 여리고성을 점령할 때 시날산의 아름다운 외투 한 벌과 은 이백 세겔, 그리고 금덩이 하나를 훔쳐 자신의 장막에 숨겨 두었습니다. 바벨론의 명품과 보석들은 대부분의 사람들이 가지고 싶어 하는 것들이었습니다. 그러나 여리고성 정복 전에 여호수아는 하나님의 약속의 말씀에 따라 "너희는 온전히 바치고 그 바친 것 중에서 어떤 것이든지 취하여 너희가 이스라엘 진영으로 바치는 것이 되게 하여 고통을 당하게 되지 아니하도록 오직 너희는 그 바친 물건에 손대지 말라"(수 6:18)고 말했습니다.

그러나 아간은 불순종했고 아간 한 사람이 행한 범죄임에도 불구하고 성경은 이스라엘 전체가 범죄했다고 두 번씩이나 언급합니다(수 7:1, 11).

하나님은 아간 한 사람의 범죄가 이스라엘 전체의 범죄임을 말씀하시면서, 단지 물건을 훔치지 말라는 제8계명을 어긴 것이 아니라 하나님 대신 다른 것을 사랑하는 영적 간음 행위라고 간주하셨습니다.

"온전히 바친 물건을 가진 자로 뽑힌 자를 불사르되 그와 그의 모든 소유를 그리하라 이는 여호와의 언약을 어기고 이스라엘 가운데에서 망령된 일을 행하였음이라 하셨다 하라"(수 7:15).

"너는 나 외에는 다른 신들을 네게 두지 말라"(출 20:3). 즉 내 앞에 다른 신을 두지 말라는 제1계명을 어겼다는 것입니다.

또한 여기서 끝나지 않고 이들의 마음이 해이해지고 교만해졌습니다. 여호수아가 보낸 아이성 정탐꾼들은 "백성을 다 올라가게 하지 말고 이삼천 명만 올라가서 아이를 치게 하소서 그들은 소수이니 모든 백성을 그리로 보내어 수고롭게 하지 마소서"(수 7:3)라고 보고했습니다.

우리가 실패에 직면했을 때 적어도 우리는 아이성의 실패 원인을 생각해야 합니다. 내 마음이 앞서면 실패합니다. 하나님께 묻지 않고 내 마음대로 결정하고, 어느 영역에서 성공했기 때문에 마음이 해이해지고 교만해져서 방심하면 실패합니다.

더 중요한 사실은 내가 교만해져 있으면 하나님의 임재를 경험하기보다 자기 충만에 사로잡힌다는 것입니다. 철옹성 같은 여리고성도 무너뜨린 우리인데, 저 아이성은 식은 죽 먹기라고 생각하게 됩니다. 하나님이 도우셔야 이길 수 있음에도 불구하고 하나님을 신뢰하지 않고 하나님의 임재의 중요성을 생각하지 않습니다.

아이성 정복에 실패한 궁극적인 원인은 하나님이 그들을 떠나셨기 때문입니다. 우리의 삶 가운데 하나님의 임재를 인식하고 하나님을 신뢰하며 하나님의 약속을 붙들지 않으면 문제가 일어납니다. 결국 실패하게 됩니다.

당신도 혹시 실패했습니까? 당신이 적어도 하나님의 백성이라면 왜 실패했는지 생각해야 합니다. 실패의 원인을 깨달아야 합니다.

실패가 주는 교훈을
다음 성공에 적용하라

우리는 실패한 현실을 직시하는 데만 머물면 안 됩니다. 왜냐하면 한 번의 실패가 영원한 실패가 아니기 때문입니다. 실패는 하나의 힘든 경험입니다. 이 실패에서 새로운 지혜를 얻지 못한다면 정말 허무할 것입니다. 실패는 무언가 배우는 좋은 기회가 됩니다. 실패는 다른 방법으로는 절대 배울 수 없는 것을 배우게 합니다. 가장 중요한 사실은 원래 하나님은 우리가 실패하기를 원치 않으신다는 것입니다.

"여호와께서 여호수아에게 이르시되 일어나라 어찌하여 이렇게 엎드렸느냐"(수 7:10).

하나님은 여호수아와 이스라엘 백성이 일어나길 원하셨습니다. 실패에만 머물지 말고 실패가 주는 교훈을 붙잡고 다음의 일, 다음의 성공을 위해 준비하고 적용해야 합니다. 실패가 주는 교훈이 무엇입니까?

실패는 우리에게 좌절만 주는 것이 아니라 성화 과정의 일부가 됩니다. 우리는 실패할 때마다 조금 더 많은 것을 배우게 됩니다. 실패의 아픔을 통해 세상이 내 마음대로 안 된다는 것을 알게 됩니다. 그리고 고통 가운데서 하나님을 원망할 수도 있지만 겸손해져서 하나님을 더 깊이 알게 됩니다. A. W. 토저A. W. Tozer는 "하나님이 깊은 상처가 없는 사람을 쓰실 수 있을지 극히 회의적이다"라고 했습니다.

경기에 실패한 선수는 코치와 함께 경기 비디오를 보고 계속 분석하면서 패배의 요인을 찾고 다음 경기의 승리를 위해 준비합니다. 그러므로 실패는 생각도 하기 싫다는 것은 잘못된 태도입니다. 실패가 우리 삶의 모든 영역에 생산적으로 쓰일 수 있기 때문입니다. 넘어지고 실패한 횟수가 쌓이면서 왜 안 되는지 원인을 찾고 어떻게 하면 될 것인지를 깨달아 결국 다시 일어서는 길을 찾게 됩니다.

세상에서도 성공한 사람들은 모두 실패의 아픔을 경험했습니다. 토마스 에디슨Thomas Edison은 선생님으로부터 "너무 멍청해서 배울 수가 없는 아이"라는 뼈아픈 말을 들어야 했고, 앨버트 아인슈타인Albert Einstein도 "그는 정신적으로 느리고 남과 어울릴 줄 모르며 자신의 몽매한 꿈속에 영원히 표류하는 아이"라는 말을 들어야 했습니다. 월트 디즈니Walt Disney는 한 신문 편집자로부터 "아이디어가 없다"는 이유로 퇴짜를 맞았습니다. 역사상 위대한 사람들은 다 넘어지고 실패했습니다. 그러나 그들은 실패를 통해 배웠고, 그 배움으로 다시 일어섰습니다.

실패가 반드시 실패가 아닐 수 있습니다. 사람들이 보기에는 실패이지만 실패가 성공으로 이어 주는 다리가 될 수도 있습니다. 여호수아와 그 백성은 분명히 실패했습니다. 그러나 실패 때문에 그들은 울었고, 아팠고, 실패 때문에 자신을 돌아보았고, 실패 때문에 하나님이 떠나시면 자신들의 힘으로는 안 된다는 것을 알았고, 범죄하면 하나님의 인도하심과 능력이 떠난다는 것을 알았습니다. 그래서 그들은 하나님의 율법과 약속에 순종하여 다시 아이성을 정복할 수 있었습니다. 이런 의미에서 그들의 실패는 단지 실패로만 끝난 것이 아닙니다.

실패처럼 보이지만 실패가 아닌 것이 많습니다. 초대교회 일곱 집사 가운데 한 사람인 스데반은 복음을 증거하다가 돌에 맞아 죽었습니다. 피를 흘리며 죽어 가는 스데반 집사를 보며 사람들은 교회 사역이 실패했다고 생각했을 것입니다. 그 자리에 있던 사울도 이제 예수를 따르는 무리들은 끝났다고 생각했을 것입니다. 그러나 스데반의 죽음은 실패가 아니라 교회 부흥을 가져오는 시발점이 되었습니다. 핍박 때문에 흩어진 사람들이 안디옥으로 피신을 갔습니다. 그곳에서 비로소 복음이 이방 사람인 헬라인에게 증거되었고, 하나님이 아브라함에게 약속하신 "너를 통하여 모든 민족이 복을 받으리라"는 말씀이 성취되었습니다. 스데반의 죽음은 실패가 아니라 승리였습니다.

예수님이 로마 군병에게 채찍을 맞고 십자가에 달려 돌아가셨을 때 많은 사람은 예수님의 사역이 실패로 끝났다고 생각했을 것입니다. 그러나 예수님의 십자가는 결코 실패가 아니었습니다. 마귀에 대하여 완전한 승리를 하셨습니다. 하나님의 말씀에 죽기까지 순종하심으로써 말입니다.

여호수아와 이스라엘 백성은 분명히 죄 때문에 실패했지만, 그렇다고 우리가 삶에서 경험하는 모든 실패가 반드시 죄에서 비롯된 것은 아닙니다. 타락한 세상에 살기 때문에 죄를 짓지 않아도 실패할 수 있습니다. 욥은 가족과 모든 재산을 하루아침에 잃었지만 그것이 그의 죄로 인한 실패는 아니었습니다. 그러므로 실패한 자를 위로하기보다 정죄했던 욥의 친구들과 같은 잘못을 저질러서는 안 됩니다.

실패를 딛고
거룩을 회복하라

과거의 실패는 자칫 자기 연민에 빠지게 합니다. 어떤 영역에서 실패했던, 실패에 매이면 생각은 물론 삶이 어두워지고 맥이 빠집니다. 하나님은 이런 실패가 주는 어두운 삶에서 우리가 일어나기를 원하십니다.

"너는 일어나서 백성을 거룩하게 하여 이르기를 너희는 내일을 위하여 스스로 거룩하게 하라 이스라엘의 하나님 여호와의 말씀에 이스라엘아 너희 가운데에 온전히 바친 물건이 있나니 너희가 그 온전히 바친 물건을 너희 가운데에서 제하기까지는 네 원수들 앞에 능히 맞서지 못하리라"(수 7:13).

일어나게 하실 뿐만 아니라 또다시 실패하지 않는 지혜까지 안내하십니다. 백성에게 거룩하라고 하십니다. 거룩이 무엇입니까? 하나님이 이미 주신 약속과 율법과 계명대로 돌아오는 것입니다. 죄로부터 떠나는 것입니다. 죄를 정리하고 하나님을 신뢰하고 그분의 율법과 계명을 지켜 행하는 것입니다.

"언제나 율법책에 씌어 있는 것을 입에서 떠나지 않게 밤낮으로 소리 내어 읽어라. 그리하여 거기에 씌어 있는 모든 것을 잘 지킬 수 있도록 하여라. 그러면 네가 하는 일이 다 잘되고 또 성공할 것이다"(수 1:8, 쉬운성경).

이스라엘 백성이 아이성 정복에 실패한 이유는 바로 하나님이 주신 율법 대신 다른 것에 더 민감했기 때문입니다. 아간은 모든 전리품을 불태워 하나님께 드리라는 말씀이 도무지 이해가 되지 않았을 것입니다. '저 좋은 물건을 왜 불태우는가?' 하고 생각했을 것입니다. 또한 백성 가운데는 아간이 외투 한 벌과 은 동전과 금덩이 한 개 훔친 것 가지고 온 백성 앞에 창피를 당하는 것도 모자라 돌에 맞아 죽게 한 것은 너무 심하다고 생각하는 사람도 있었을 것입니다.

초대교회의 아나니아와 삽비라는 재산을 팔아 일부를 감추고 전부를 헌금하는 척하다가 현장에서 즉사했습니다. 우리 이성으로 보면 이해가 안 됩니다. 그러나 하나님은 우리가 거룩하기를 원하십니다. 하나님의 백성 공동체가 하나님의 거룩을 더럽히면 이 땅에서 그 어떤 성공을 하더라도 하나님은 용납하시지 않음을 가르치십니다. 거룩을 잃은 성공은 성공이 아니라 저주의 길로 이어질 수 있음을 기억해야 합니다.

아간도 물건을 감춘 후 엄청난 후회를 했을 것입니다. 불안하고 가슴이 뛰고 머리가 아팠을지 모릅니다. 거짓된 행위를 하면 건강에도 도움이 되지 않습니다. 애니타 켈리Anita Kelly 심리학 교수는 미국정신의학회APA에서 "거짓말을 덜하면 건강이 호전되는 반면 거짓말을 많이 하는 사람은 건강도 나빠지는 것으로 나타났다"고 밝혔습니다.

연구진은 18-71세 나이의 성인 110명을 대상으로 10주 동안에 한 그룹에게는 '어떤 일이 있어도 거짓말하지 말라'고 지시하고, 다른 그룹에게는 아무런 지시도 하지 않았습니다. 그 결과 거짓말을 하지 않은 그룹의 사람들은 우울, 긴장 등 정신적 스트레스는 물론 두통이나 목이 아픈 물리적 증상도 확연히 줄었으며, 대인 관계나 사회 활동에 있어서도 더 나아진 것으로 보고되었다고 합니다. 그리하여 연구진은 거짓말은 건강에 도움이 되지 않는다고 결론을 맺었습니다. 거짓말하지 않고, 하나님 대신 엉뚱한 것을 사랑하고 따르지 않는 것이 인생의 성공 원리입니다.

하나님이 하나님의 백성에게 가르치신 성공과 승리의 원리는 그분의 율법과 계명을 지켜 행하는 것입니다. 선수가 경기에 실패했다면 실패의 원인을 분석하고 다시 시도해야 할 것입니다. 사업에 실패했다면 경영 원리를 다시 살피고 공부를 해야 할 것이고, 인간관계에 실패했다면 인간관계 기술을 익히고 사람의 마음을 읽는 법을 배워야 할 것입니다.

그러나 모든 사람과 모든 영역에 적용되는 중요한 성공 원리가 있다면 그것은 거룩을 회복하는 것입니다. 경기에 승리하여 금메달을 목에 걸고, 사업에 성공하여 집도 사고 많은 것을 누린다 해도 거룩을 잃어버렸다면 그 인생은 실패입니다. 범죄했는데도 성공했습니까? 교만했는데도 성공했습니까? 방심했는데도 성공했습니까? 그렇다면 그것은 성공이 아니라 저주일 수 있습니다.

베드로는 실패했습니다. 예수님의 경고에도 불구하고 그는 예수님을 부인했습니다. 베드로는 자신의 실패의 현실을 알고 밖으로 나가서 심히 통곡했습니다. 그러나 그것은 베드로 인생의 끝이 아니라 1막의 사건이었습니다. 우리는 사도행전을 통해 오순절 날 3천 명을 회개하게 한 그의 인생 2막을 봅니다. 승자는 절대 넘어지지 않는 사람이 아니라 넘어진 자리에서 한 번 더 일어날 줄 아는 사람입니다.

한 번 실패했다고 해서 영원히 실패한 사람이 되는 것은 아닙니다. 다만 내 삶에 실패의 사건 하나가 일어난 것입니다. 실패는 당신의 됨됨이가 아니라 당신의 행위입니다. 누구도 당신을 실패자나 패배자로 부르지 못하게 해야 합니다. 당신 스스로 자신을 실패자로 본다면 그동안 해 왔던 실패의 행위를 끝없이 되풀이할 운명을 스스로 부르는 것입니다. 하나님은 당신을 실패자로 보시지 않습니다. 그분은 당신을 그분의 자녀로 보십니다. 실패의 자리에서 다시 일어나 승리의 기쁨을 향해 달려가는 복된 사람이 되기를 바랍니다.

변 화 를   위 한   물 음

1. 여리고성 함락을 경험했던 이스라엘 백성이 아이성 전투에서 패배
   한 원인이 무엇입니까?

2. 거룩을 잃기 시작하는 징표는 무엇입니까?

3. 거룩을 잃지 않기 위해 조심해야 할 부분이 무엇입니까?

상처

상처도 내 삶의 일부

삼하 12:20-25

온전한 삶을 방해하는 것 가운데 하나는 과거의 상처입니다. 과거의 어떤 기억이 상처로 남아 있으면 우리도 모르는 순간에 그 상처가 밖으로 튀어나와 자신은 물론 내 옆에 있는 사람에게도 영향을 줄 때가 있습니다.

우리는 상처를 주고받으며 살아갑니다. 고의든 아니든 상처를 주고받으며 사는 것이 우리네 삶의 현실입니다. 어떤 경우든 상처를 받으면 마음이 쓰리고 아픕니다. 영어로 '쓰다'는 'Bitter'이고 '더 좋다'는 'Better'입니다. 이 두 단어의 차이는 단 하나의 철자인 "i"입니다. 인생을 쓴맛을 느끼면서 사느냐 아니면 좋게 사느냐는 나의 선택에 달려 있습니다. 과거 내게 슬픔과 상처를 안겨 준 환경이 내게 치명상을 입힐 수도 있지만 내 삶을 새로운 방향으로 나가게 할 수도 있습니다. 그것은 결국 나의 선택에 달려 있습니다.

상처가
상처를 부른다

한 며느리가 시어머니에 대해 쓴 글을 읽은 적이 있습니다. 시어머니는 시아버지의 바람기 때문에 한평생 속을 끓이며 살았습니다. 시아버지는 많이 배운 데다 인물도 좋고 능력도 있어서 주위에 유혹하는 여자들이 많았습니다. 시아버지 또한 그 상황을 즐겼는데, 시아버지가 여자 때문에 사고를 칠 때마다 시어머니는 돈으로 해결하거나 다른 사람에게 부탁하는 등 남편의 뒷수습을 하곤 했습니다.

어느덧 세월이 흘러 자녀들이 결혼을 하고 부부의 나이도 지긋해지니 시어머니는 그동안 마음에 품은 상처가 한이 되어 봇

물 터지듯 쏟아져 나오기 시작했습니다. 시어머니는 사람들과 얘기할 기회만 있으면 남편이 있든 없든 과거의 상처를 쏟아 냈습니다. 시아버지가 얼굴이 뜨거워 일어나려면 일어서는 남편을 잡아끌어 앉히며 고래고래 소리를 질렀습니다. "내 말을 들어야 해! 너 때문에 망친 내 인생 얘기를 들어야 해!" 자녀들은 물론 보는 사람들도 난처했습니다.

지친 식구들은 용서를 빌라고 권유했고 시아버지는 시어머니에게 용서를 빌었습니다. "이제 그만 과거는 용서하고 남은 인생 재미있게 삽시다. 당신이 수고한 것 다 알아요. 이제부터 당신밖에 모르고 살 테니 날 용서하고 이제 옛날 이야길랑 그만합시다. 나도 마음이 아프고 당신도 마음이 아프고 아이들 보기에도 미안하니 그만합시다." 그러나 시어머니는 완강히 거부했습니다.

"난 너를 용서 못해. 아직도 넌 네 죄가 얼마나 큰지 모를 거다. 네가 못된 짓을 할 때 기죽고 살았는데 이제는 아니다. 너 두고 봐라. 네가 죽는 날까지 괴로워하다가 죽도록 만들 테니까. 널 편하게 죽게 하면 내가 사람이 아니다. 내가 사람이 아니야."

과거의 상처가 얼마나 컸으면 시어머니가 이렇게 되었을까요? 정리되지 않은 과거의 상한 마음이 그대로 있으면 자신은 물론 주변 사람들까지 힘들게 합니다. 과거의 상처의 굴레에서 벗어나지 못하면 미성숙한 언행으로 이어집니다. 이런 언행이 계속

될수록 자신은 물론 남에게 상처를 주고 결국 스스로 삶을 망가뜨리게 됩니다.

성장 과정에서 받은 상처가 있다면 결혼 전에 이 상처를 반드시 해결해야 결혼 이후의 가정생활이 건강하고 행복할 수 있습니다. 그렇지 않으면 상처 때문에 악한 에너지가 나와서 배우자와 자녀를 힘들게 하기 때문입니다.

과거의 상처에 매이면 그 감정이 자신의 성질이 되고, 성격이 되고, 성품으로 이어집니다. 사실 살면서 부모 형제나 가까운 사람에게 상처를 받지 않은 사람은 아무도 없을 것입니다. 부모가 잘되라고 한 말을 상처로 받아들이는 자녀들이 많습니다. '부모님은 형(언니)만 사랑하고 난 사랑받지 못했어.' 이런 생각을 하는 사람들은 상처의 노예가 되어 어두운 인생을 살아갑니다. 내가 과거에 실수하여 스스로 상처를 만들었든지 아니면 다른 사람 때문에 받았던 상처든지 간에 상처는 반드시 해결되어야 합니다. 이런 상처는 예수를 믿었다고 해서 저절로 없어지는 것이 아닙니다.

믿음의 사람 다윗은 밧세바와의 불륜의 범죄로 인해 그의 생애에 큰 상처를 받았고 이로 인해 그의 인생에 많은 고통과 어려움을 당했습니다. 밧세바와 범한 범죄로 인해 태어난 아이에게 죽음의 위기가 닥쳤습니다.

"우리아의 아내가 다윗에게 낳은 아이를 여호와께서 치시매

심히 앓는지라"(삼하 12:15).

나단 선지자의 말대로 아기는 병이 들어 죽어 갔습니다. 자기 잘못이 드러난 것도 충격인데, 태어난 아이까지 죽는다는 것은 너무도 가슴 아픈 일이었습니다. 하나님 앞에서의 범죄가 그만큼 무서운 것입니다.

다윗은 그 아이를 위해 식음을 전폐하고 땅에 엎드려 기도했지만 아이는 7일 만에 죽고 말았습니다. 아이를 살려 달라고 금식 기도 하는 왕을 보며 신하들은 염려가 컸습니다. 아이의 죽음을 알리는 것은 너무도 잔인한 일이었기 때문입니다. 그러나 아이의 죽음을 알게 된 다윗은 신하들의 염려와는 전혀 다른 반응을 보였습니다.

"다윗이 땅에서 일어나 몸을 씻고 기름을 바르고 의복을 갈아입고 여호와의 전에 들어가서 경배하고 왕궁으로 돌아와 명령하여 음식을 그 앞에 차리게 하고 먹은지라"(삼하 12:20).

자신의 범죄로 인해 아이가 세상 빛을 보지도 못한 채 죽었으니 다윗의 마음은 얼마나 상했을까요? 자신의 잘못 때문이든 다른 사람의 잘못 때문이든 그 잘못으로 인해 마음의 상처를 받는 일은 누구에게든지 일어날 수 있는 일입니다. 마음의 큰 상처가 되는 사건 앞에 보여 준 다윗의 반응은 우리에게 소중한 교훈을 줍니다.

현실을 인정하고
받아들이라

아이가 병이 들었을 때는 금식하고 기도했던 다윗이 아이의 죽음을 알고 난 후에는 일어나 음식을 먹고 왕으로서 정상 업무를 시작하는 것을 이상히 여긴 신하가 물었습니다.

"아이가 살았을 때에는 그를 위하여 금식하고 우시더니 죽은 후에는 일어나서 잡수시니 이 일이 어찌 됨이니이까"(삼하 12:21).

그러자 다윗이 대답했습니다.

"이르되 아이가 살았을 때에 내가 금식하고 운 것은 혹시 여호와께서 나를 불쌍히 여기사 아이를 살려 주실는지 누가 알까 생각함이거니와 지금은 죽었으니 내가 어찌 금식하랴 내가 다시 돌아오게 할 수 있느냐 나는 그에게로 가려니와 그는 내게로 돌아오지 아니하리라 하니라"(삼하 12:22-23).

비록 자신이 잘못해서 죄를 지었지만 다윗은 하나님께 긍휼을 베풀어 달라고 기도했습니다. 그러나 하나님의 뜻을 알자 겸허히 받아들였습니다. 하나님의 긍휼을 기대하며 최선을 다해 기도했지만 자신의 죄 때문에 자녀에게 죽음이 오자 그는 자리를 털고 일어선 것입니다.

우리 인생 여정에 간혹 내 생각과 뜻대로 되는 것도 있지만 대부분 우리의 뜻대로 되지 않습니다. 내가 낳은 자식이라고 해서 부모 마음대로 되지 않습니다. 내가 원했던 일이 내 마음대로 다 되지 않습니다. 내 마음대로, 내 생각대로 안 되는 것을 두고 생각하고 또 생각하면 원망과 불평이 불 일 듯 일어나 자기 인생을 비관하여 슬픔에 빠지기 쉽습니다. 다윗은 자신의 아이가 죽지 않고 살기를 바랐지만 그렇게 되지 않았을 때 그것을 인정하고 받아들였습니다.

다윗은 자신의 아들 압살롬이 자신을 배반하리라고는 꿈에도 생각지 못했을 것입니다. 그는 아들에게 반역을 당하는 상처를 받았습니다. 피난길에 올랐을 때 다윗왕과 그의 피난 일행은 모든 사람이 바르실래처럼 배고픈 자신들을 위해 먹을 것을 가져다주기를 원했을 것입니다(삼하 17:27-29). 그러나 시므이라는 사람은 돌을 던지면서 욕을 했습니다. 시므이의 모욕은 다윗의 부하들조차도 견디기 힘든 것이었습니다.

사울왕과 같은 베냐민 지파였던 시므이는 다윗에게 비겁한 정권 탈취자라고 욕했습니다. 화가 난 부하가 한칼에 날려 버리겠다고 나섰을 그때에도 다윗은 부하를 만류하며 그냥 두라고 했습니다. 왜일까요? 자기 기대와 달리 일어나는 현실을 받아들인 것입니다.

인생을 우울하게 사는 사람의 특징은 자신이 겪고 있는 현실을 수용하지 못해 감정이 상하고 묶여 있는 채로 살아가는 것입니다. 그런데 다윗은 달리 반응했습니다. 아이의 죽음을 직시한 뒤 그는 목욕을 하고 하나님 앞에 나아가 기도하고 예배했습니다. 가슴 아픈 상황, 내게 슬픔과 상처를 주는 일이 현실로 나타났지만 그 현실을 인정하고 받아들였습니다.

이미 내게 벌어진 가슴 아픈 현실을 인정하는 것은 곧 나의 뜻과 달리 통치하시는 하나님의 섭리를 따르는 인간의 겸손입니다. 이런 의미에서 다윗은 하나님의 뜻에 순복하는 믿음의 사람이었습니다. 나단이 와서 밧세바를 범하고 우리아를 죽인 그의 죄를 지적할 때 귀를 막고 한칼에 나단 선지자를 죽일 수도 있는 최고의 권력자였지만 그는 겸손하게 무릎을 꿇고, 다시 주님의 뜻을 붙잡고 일어섰습니다.

내가 풀 수 있는 것과
풀 수 없는 것

아이가 병들어 죽어 가고 있을 때 다윗이 가장 원한 것은 병이 떠나고 아이가 사는 것이었습니다. 그런데 그 아이가 죽었습니다. 한 나라의 최고 권력자라 할지라도 죽은 아이를 살릴 수는 없습니다.

인생에는 내가 할 수 없고, 바꿀 수 없는 것이 많습니다. 내가 아무리 힘있고 능력이 있어도 나의 출생 일자를 바꿀 수 없고, 인종과 피부색을 바꿀 수 없습니다. 부모를 바꿀 수 없고 남자냐 여자냐 장남이냐 막내냐 하는 모든 것을 바꿀 수 없습니다. 죽은 아이에 대한 다윗의 반응을 보십시오.

"지금은 죽었으니 내가 어찌 금식하랴 내가 다시 돌아오게 할 수 있느냐 나는 그에게로 가려니와 그는 내게로 돌아오지 아니하리라 하니라"(삼하 12:23).

다윗은 상처에 머물러 있지 않았습니다. 받은 상처 그대로 있으면 자신에게 독이 되고 남에게도 독이 됩니다. 한을 품고 있으면 한 많은 인생을 살게 됩니다.

예수를 믿는 것이 왜 복입니까? 하나님의 백성이 죄와 상처를 가지고 있다 할지라도 주 앞에 나오면 하나님이 그 죄를 동과 서가 멀리 있는 것처럼 없애시고 양털처럼 깨끗하게 하시겠다는 약속이 있기 때문입니다. 다윗은 바로 이 약속을 믿고 살았기 때문에 상처를 딛고 새롭게 일어설 수 있었습니다.

"다윗이 땅에서 일어나 몸을 씻고 기름을 바르고 의복을 갈아입고 여호와의 전에 들어가서 경배하고 왕궁으로 돌아와 명령하여 음식을 그 앞에 차리게 하고 먹은지라"(삼하 12:20).

다윗은 땅에서 일어나 몸을 씻고 기름을 바르고 의복을 갈아 입고 하나님의 전에 들어가서 예배했습니다. 자신이 할 수 없고 바꿀 수 없는 과거의 상처를 딛고 일어선 것입니다. 바꿀 수 없는 과거의 상처를 예수님이 이미 바꾸어 놓으셨다는 사실을 아십니까? 하나님이 과거의 모든 죄를 하나님의 신비한 지우개로 다 지우셨다는 것을 믿습니까?

"또 범죄와 육체의 무할례로 죽었던 너희를 하나님이 그와 함께 살리시고 우리의 모든 죄를 사하시고 우리를 거스르고 불리하게 하는 법조문으로 쓴 증서를 지우시고 제하여 버리사 십자가에 못 박으시고"(골 2:13-14).

하나님이 모든 인생을 위해 하신 일이 무엇입니까? 과거의 모든 죄를 제거하여 십자가에 못 박으셨습니다. 예수님을 믿는다는 것은 이 사실을 알고 마음으로 믿고 받아들이는 것입니다. 그때 놀라운 일이 일어납니다. 죄에 대해 죽고 의에 대해 살고 하나님의 자녀로 입양되어 하나님 자녀의 신분이 됩니다.

과거를
뒤돌아보지 마라

다윗은 과거에 못된 죄를 지었고, 자신의 인생에 큰 상처가 있었지만 하나님의 놀라운 구원 역사를 믿음으로써 죄를 이기고 상처를 승화시켜 예배로 나아갔습니다. 다윗은 자기 죄가 사해졌음을 믿고, 자기 자신을 죄에 대해 죽고 하나님에 대해 산 자로 여겼습니다.

왜 오늘날 적지 않은 사람이 예수 믿고 교회에 나오면서도 죄를 이기고 상처를 승화시키지 못하는 것일까요? 하나님의 말씀을 하나의 정보로만 인식할 뿐 그 약속이 실제로 내게 일어났다는 사실을 깨닫는 데는 너무 더디기 때문입니다. 한 장로님 가정에서 고아원에 있는 아이를 입양했습니다. 아이의 생일이 되어 목사님을 초청하여 생일 예배를 드렸습니다. 음식과 맛있는 과자를 수북하게 차려놓고 예배를 드리고 마지막 기도를 했습니다. 기도를 마치고 보니 상에 차려진 맛있는 과자들이 없어졌습니다. 기도하는 동안 아이가 슬쩍 챙긴 것입니다.

아이는 입양되었음에도 불구하고 고아원 생활에 익숙하다 보니 맛있는 것이 있으면 미리 챙겨 두는 버릇이 발동한 것입니다. 자기 생일날이고 모든 것이 자기 것이니 그럴 필요가 없음에도 불구하고 과거의 삶으로 돌아간 것입니다. 아버지 장로님이 그 아이를 볼 때 얼마나 안타까울까요? 아이 자신도 스스로 얼마나 불행하게 살아가는 것일까요?

예수를 믿는 것이 왜 복입니까? 예수 믿으면 하나님의 자녀가 되기 때문입니다. 예수 믿으면 하나님께 속한 백성이 되기 때문입니다. 어제는 세상의 노예 신분이었는데 예수 그리스도 안에서 하나님의 자녀로 새롭게 되었다는 것, 이보다 더 큰 위로와 복은 없습니다.

믿음의 삶이란 어제의 부끄러운 상태나 형편, 신분에서 벗어나 새롭게 출발하는 것입니다. 사탄은 과거의 상태와 신분을 들추어내어 우리를 과거에 묶어 두려 합니다. 하지만 우리는 예수님이 하신 일을 신뢰하며 믿음으로 나아가야 합니다. 죄 사함이라는 은혜의 약속을 선물로 받아들일 때 과거의 상처에서 회복될 수 있습니다.

과거의 나는 죽었습니다. "예수 믿으면 십자가에서 죄가 죽고 내가 죽었다고 하더라"는 식으로 믿어서는 안 됩니다. 우리는 하나님의 자녀로 입양된 존재임을 믿고 그렇게 살아야 합니다. 그래야 우리가 구원받고 새로운 삶을 살게 되는 기쁨을 누릴 수 있습니다.

남아 있는 것에
초점을 맞추라

"다윗이 그의 아내 밧세바를 위로하고 그에게 들어가 그와 동침하였더니 그가 아들을 낳으매 그의 이름을 솔로몬이라 하니라 여호와께서 그를 사랑하사"(삼하 12:24).

하나님은 다윗을 사랑하셨고 솔로몬도 사랑하셨습니다. 이미 죄가 있었고 그 죄로 인해 상처를 경험했던 다윗을 하나님이 사랑하셨던 이유는 무엇일까요? 그가 착해서일까요? 왕이기 때문일까요? 아니면 하나님께 헌신을 많이 했기 때문일까요? 아닙니다. 그가 하나님의 사랑과 용서가 아니면 안 되는 존재임을 깨달았기 때문입니다.

현재 우리의 형편이 어떠하든지 하나님은 결코 우리를 포기하시지 않습니다. 우리가 상처의 노예가 되어 끌려다니는 것을 원하시지 않습니다. 하나님은 우리를 사랑하시고 용서하시고 남은 삶을 새롭게 살기를 원하십니다. 우리가 상처 입은 마음에서 벗어나기를 원하십니다.

"만일 네가 마음을 바로 정하고 주를 향하여 손을 들 때에 네 손에 죄악이 있거든 멀리 버리라 불의가 네 장막에 있지 못하게 하라 그리하면 네가 반드시 흠 없는 얼굴을 들게 되고 굳게 서서 두려움이 없으리니 곧 네 환난을 잊을 것이라 네가 기억할지라도 물이 흘러감 같을 것이며"(욥 11:13-16).

이제 더 이상 과거의 상처와 고통의 노예로 살지 말고 일어나 새롭게 살 것을 기대하시는 하나님을 바라보고 천국 백성으로 살아가야겠습니다. 세상의 그 어떤 것도 인생의 참된 위로가 될 수 없습니다. 하나님께 내 죄를 용서해 달라고 수없이 간구했는데도 아직도 죄의식을 느낍니까? 그것은 하나님의 용서를 이해하지 못해서입니다.

하나님은 즉시로, 자유롭게, 아무런 조건 없이 죄를 완전히 용서해 주십니다. 하나님께 용서해 달라고 이미 요청한 것을 계속 반복해서 기도하는 것은 하나님이 이미 용서해 주셨다는 사실을 믿지 않는 것입니다. 그것은 불신不信입니다. 만약에 복음을 믿고 용서함을 믿은 다음에도 계속적으로 죄라고 느낀다면 그 느낌은 하나님께로부터 오는 것이 아니라 사탄으로부터 오는 것입니다.

사탄은 지속적으로 우리를 초조하게 만듭니다. 사탄은 우리가 죄를 짓기 전에는 죄를 아주 우습게 여기도록 유도합니다. "이것쯤은 괜찮아! 죄도 아니야. 남들도 다 하는데 뭘", "요즘 이것을 죄라고 여기는 사람은 아무도 없어. 괜찮아"라고 유혹합니다. 그러나 죄를 범한 후에는 '넌 아주 못된 죄를 지었어. 그 죄는 너무 커서 하나님도 결코 너를 용서하시지 않아'라고 생각하게 합니다.

상처 없이 살아가는 사람은 없습니다. 그렇기에 중요한 것은 상처를 어떻게 받아들이느냐입니다. 내가 풀 수 있는 것도 있지만 그렇지 않은 상처도 있습니다. 어떻게 내가 바꿀 수 없는 것을 승화시킬 수 있을까요? 예수 그리스도 외에 다른 길은 없습니다. 우리를 온전히 회복하시는 구원의 은혜만이 살길입니다. 예수 안에서 과거의 상처를 승화시켜 아름다운 삶을 누리기 바랍니다.

변 화 를 위 한 물 음

1. 나를 괴롭히는 내면의 상처에서 여전히 벗어나기 힘든 이유는 무엇
   입니까?

2. 정리되지 않은 과거의 상처는 현재의 삶에 어떤 모습으로 나타납니까?

3. 다윗의 모습에서 배울 수 있는 상처를 승화시키는 지혜는 무엇입니까?

2장

관계에서
살피는 마음

시기와 질투

가장 좋은 것은 내 안에 있다

창 37:11, 23-24

우리 자신의 삶을 불행으로 빠트리는 또 하나의 내면의 적이 있다면 그것은 시기하는 마음입니다. 이 마음을 잘못 다루면 결국 시기의 대상을 넘어뜨릴 뿐만 아니라 자신도 무너지는 결과로 이어집니다. 성경은 "평온한 마음은 육신의 생명이나 시기는 뼈를 썩게"(잠 14:30) 한다고 말합니다. 시기는 아주 사소한 것에서 출발하지만 계속 붙잡으면 뼈를 썩게 하고 삶을 무너뜨립니다.

고대 그리스에 전해 내려오는 이야기입니다. 한 선수가 안간 힘을 다해 뛰었지만 2등에 머물고 말았습니다. 군중들은 우승자에게 환호를 보냈고, 모든 행사를 마치고 집으로 돌아가는 그의 귀에는 승자의 이름밖에 들리지 않았습니다. 그를 더 당황하게 한 것은 시내 한복판에 우승자를 기리는 거대한 대리석 동상이 세워진 것이었습니다.

2등으로 들어온 이 선수는 매일 그 동상을 보며 자신이 패자임을 확인해야 했고, 시기심이 그의 영혼을 장악하기 시작했습니다. 밤마다 잠을 이루지 못한 그는 어둠 속에서 승자의 동상에 다가갔습니다. 그러고는 그 동상을 기초부터 조금씩 끌로 파기 시작했습니다. 거대한 동상은 날마다 조금씩 약해져 갔습니다. 그러던 어느 날 그가 동상의 한 조각을 더 파내는 순간 육중한 무게의 동상이 앞으로 쓰러졌습니다. 거대한 대리석으로 된 우승자의 동상이 끌을 든 작은 사람을 덮쳤고, 그는 그 자리에서 즉사하고 말았습니다.

참으로 비극적인 이야기입니다. 2등 선수는 자신이 시기하고 경멸했던 바로 그 사람의 동상에 깔려 죽고 만 것입니다. 그러나 끌을 든 남자는 동상이 무너진 순간에 죽은 것이 아닙니다. 그는 조금씩 서서히 죽어 갔습니다.

이처럼 시기는 인생의 치명적인 독입니다. 시기와 질투는 비슷한데, 굳이 비교해 본다면 시기는 자기에게는 없는 것을 갖고 있는 자에 대한 감정이고, 질투는 다른 사람을 인정하지 못하는 상태입니다. 질투하는 마음은 사소한 것에서 출발하지만 계속 붙잡으면 뼈를 썩게 하고 삶을 무너뜨리는 파괴적인 죄입니다. 이 마음을 잘 다루지 않으면 인생의 불행은 피할 수가 없습니다.

방심하는 사이
시기가 파고든다

사람이 시기하는 영역은 다양합니다. 사실 시기는 물질, 권력, 외모뿐만 아니라 이 세상에 있는 모든 영역에서 일어납니다. 또한 시기는 우리가 사는 일상에서, 나와 관계된 사람 사이에서 일어납니다. 교회 공동체 안에서도 일어납니다. 사도 바울이 로마 감옥에 갇혔을 때 어떤 사람들은 바울에 대한 시기로 인해 그리스도를 전하기도 했습니다.

"어떤 이들은 투기와 분쟁으로, 어떤 이들은 착한 뜻으로 그리스도를 전파하나니…그들은 나의 매임에 괴로움을 더하게 할 줄로 생각하여 순수하지 못하게 다툼으로 그리스도를 전파하느니라"(빌 1:15, 17).

시기는 가정에서도 일어납니다. 요셉을 향한 형들의 시기도

가정에서 일어났고, 가인과 아벨 역시 시기에 눈이 먼 형 가인이 동생 아벨을 죽인 것입니다. 탕자의 비유 이야기에서도 탕자가 아버지 집에 돌아왔을 때 형은 돌아온 동생을 보고 기뻐하기는커녕 오히려 속이 부글부글 끓었습니다. '나에게는 염소 새끼 한 마리도 잡아 주신 적 없었는데….' 이것이 형의 마음이라면 정말 서글프기 짝이 없습니다. 시기가 가정에서 시작되었다는 것은 큰 비극입니다.

요셉의 형들은 배다른 동생 요셉이 아버지 야곱의 사랑을 자신들보다 더 많이 받는다고 생각하니 시기하는 마음이 생기고 동생이 미워지기 시작했습니다(창 37:4). 게다가 요셉은 형들에게 꿈 이야기를 했는데 꿈에서 형들이 모두 자기에게 절을 했다는 황당한 이야기를, 그것도 두 번씩이나 늘어놓았으니 형들의 마음을 자극하기에 충분했을 것입니다. 요셉의 형들이 배다른 동생 요셉을 시기하게 된 구체적인 발단은 채색옷 때문이었습니다. 이삭이 블레셋 사람들의 미움을 받은 것도 물질 때문이었습니다. 이삭이 하나님의 축복으로 부자가 되자 그들은 더욱더 시기하여 이삭을 자기 지역에서 쫓아냈습니다.

사람들은 설사 자기에게 필요한 것이 다 있어도 절대 만족을 모릅니다. 자기가 소유한 보화에 있지 않고 남이 소유한 보화에 있기 때문입니다. 그들의 눈은 남의 집이 더 크고 남의 차가 더 좋으면 시기심이 발동합니다. 이뿐만 아니라 어느 시대 어느 문화에나 남녀노소를 막론하고 사람 사이에서는 항상 권력을 얻으려고 서로 시기합니다. 끼리끼리 모이는 것도 결국은 이해관계 때문입니다. 요셉과 요셉의 형들도 결국 채색옷 입은 자와 입지 못한 자, 사랑을 받은 자와 받지 못한 자의 그룹으로 나뉘었고, 급기야 형들은 요셉을 죽일 음모까지 벌이게 되었습니다.

이렇듯 시기는 모든 영역에서 일어나고 있는데, 더 비극적인 것은 내가 그 영향권의 한복판에 있다는 것입니다. 그러므로 우리는 방심하지 말고 내 마음을 잘 살펴야 합니다.

시기라는
부메랑

내 마음에 시기를 허용해서는 안 되는 이유가 무엇입니까?

첫째, 시기는 타인을 파괴합니다. 요셉의 형들은 요셉을 멀리서 보고 죽이기를 논했습니다(창 37:18). 요셉의 형들은 요셉이 입은 채색옷을 보며, 요셉이 아버지 야곱으로부터 받은 사랑이 자신들에게는 없다며 시기하고 요셉을 죽일 생각을 했습니다. 정말 무서운 일입니다. 시기를 허용하면 이런 파괴적인 일이 일어납니다.

가인도 하나님이 자신이 드린 제물은 받으시지 않고 아벨의 것은 받으시자 아벨을 살해했습니다. 동생을 살해하는 일은 해서는 안 되는 끔찍한 행동입니다. 그러나 시기하는 감정을 허용하면 이성을 잃고 신앙도 잃고 옳고 그름을 판단하는 분별력까지 잃게 됩니다. 시기가 우리를 파괴하는 치명적인 인생의 독인 이유가 바로 여기에 있습니다.

둘째, 시기는 자기 자신을 파괴합니다. 시기는 상대방을 해치는 것으로 끝나지 않고 시기하는 자기 자신을 파괴시키고 맙니다. 가인은 동생 아벨을 죽인 후 남은 인생 동안 고통 속에 살아야 함을 뒤늦게 알았습니다.

요셉의 형들은 요셉을 구덩이에 넣었다가 상인들에게 판 이후 과연 행복했을까요? 결코 그럴 수 없었습니다. 오랜 시간 후 그들이 애굽의 총리대신이 된 요셉 앞에 섰을 때 그동안 얼마나 고통스러워했는지를 성경은 구체적으로 보여 줍니다. 그들은 "그 앞에서 놀라서 대답하지 못하"(창 45:3)고 사시나무 떨듯이 공포에 휩싸였습니다.

사울왕 역시 다윗이 골리앗을 죽인 뒤 "사울이 죽인 자는 천천이요 다윗은 만만이로다" 하는 예루살렘 여인들의 노래로 인해 시기심이 불타올라 다윗을 제거하기 위해 전국을 헤매고 다녔습니다. 그러나 결국 파괴된 것은 사울 자신이었습니다. 왕복을 벗고 벌거벗은 몸으로 땅에 누워서 아무 힘도 쓰지 못하는 모습으로 떨어져 버릴 만큼 파괴되었습니다(삼상 19:24).

다니엘을 시기한 무리들의 최후는 또 어떠했습니까? 음모를 꾸민 그들이 다니엘을 사자 굴에 던졌으나 다니엘은 멀쩡한 몸으로 나오고, 그들은 순식간에 사자 밥이 되고 말았습니다. 시기는 결국 시기에 빠진 사람을 삼키고 맙니다. 시기는 부메랑처럼 반드시 돌아와 자신을 고통 가운데로 몰아넣습니다. 그렇다면 시기를 어떻게 극복해야 할까요?

시기를
가볍게 생각해서는 안 된다

사람들은 시기의 감정을 별로 대수롭지 않게 생각하는 경향이 있습니다. 시기를 가볍게 여기고 인간에게 있어서 지극히 당연한 감정이라고 받아들입니다. 그러나 시기를 가벼운 성격 장애 정도로 여겨서는 안 됩니다. 성경이 시기를 가볍게 여기지 않기 때문입니다. 사도 바울은 갈라디아 성도들에게 권면하면서 시기를 교회를 파괴하는 악한 범죄들과 동일한 맥락에서 다루었습니다.

"우상 숭배와 주술과 원수 맺는 것과 분쟁과 시기와 분냄과 당

짓는 것과 분열함과 이단과"(갈 5:20).

뿐만 아니라 사도 바울은 로마 성도들에게도 시기를 악한 것으로 규정했습니다.

"낮에와 같이 단정히 행하고 방탕하거나 술 취하지 말며 음란하거나 호색하지 말며 다투거나 시기하지 말고"(롬 13:13).

야고보 역시 동일한 맥락에서 시기를 다루었습니다.

"시기와 다툼이 있는 곳에는 혼란과 모든 악한 일이 있음이라"(약 3:16).

시기는 정욕, 음란, 술 취함, 살인, 악한 꾀와 함께 언급될 만큼 파괴력이 크기 때문에 결코 가볍게 여겨서는 안 됩니다.

성경에서 최초로 시기한 자는 바로 천사장 루시퍼였습니다. 루시퍼는 하나님의 권세를 시기하자 반역하게 되었고, 결국 악한 영의 두목이 되어 사람들을 괴롭히는 사탄이 되고 말았습니다. 만약 우리가 시기하는 마음을 허용하면 사탄이 하는 일을 하게 되는 무서운 일이 일어납니다. 사탄이 하는 일, 곧 하나님의 일을 방해하고 하나님의 뜻과 목적을 이루지 못하게 하는 끔찍한 일이 바로 내 안에서 일어납니다. 시기의 영에 사로잡힌 요셉의 형들의 언행을 보면 알 수 있습니다.

"서로 이르되 꿈꾸는 자가 오는도다 자, 그를 죽여 한 구덩이에 던지고 우리가 말하기를 악한 짐승이 그를 잡아먹었다 하자 그의 꿈이 어떻게 되는지를 우리가 볼 것이니라 하는지라"(창 37:19-20).

요셉의 꿈은 하나님이 주신 것인데, 요셉의 형들은 하나님이 요셉을 통해 하시고자 하는 일에 대해 비아냥거리는 무서운 일을 저지르고 있습니다. "그의 꿈이 어떻게 되는지를 우리가 볼 것이니라!" 이 말 자체가 하나님이 주신 꿈을 자신들이 파괴하고 있음을 자랑하고 있는 듯합니다. 시기는 라이벌만 해치는 것이 아니라 하나님의 뜻, 하나님의 비전, 하나님이 이루시고자 하는 일을 반대하는 악한 행위가 될 수 있음을 잊지 말아야 합니다.

공평하신 하나님을
신뢰하라

남을 시기하는 것은 하나님의 뜻을 없애려는 무서운 행위입니다. 시기란 하나님이 다른 사람에게 주신 비전과 재능과 능력과 부를 용납하지 못하는 악한 일입니다. 결국 시기는 "왜 나보다 다른 사람을 더 사랑하십니까?", "왜 내게 부당한 대우를 하십니까?"라는 감정의 표현이자 하나님께 항변하는 행위입니다. 왜 하나님이 나를 이렇게 대우하시는지 원망하는 것입니다.

시기가 내 속에 일어날 때 이 감정과 느낌이 정말 옳은 것인지 살펴보아야 합니다. 송명희 시인은 나면서부터 뇌성마비로 큰 장애를 가지고 있었습니다. 그녀는 "나"라는 시가 나오기까지의 과정을 이렇게 간증했습니다.

"수차례 반복되는 이사와 찢어지게 가난한 자신을 보면서 나는 불평을 늘어놓았다. 이때 하나님은 들리는 대로 써라 하셨고 나는 받아 적어 내려갔는데 '나 가진 재물 없으나 나 가진 지식 없으나…공평하신 하나님이…'라는 글이 써졌다. 너무나 엉뚱한 말씀에 울며 소리쳤다. '아니, 못 쓰겠어요! 공평해 보이지가 않아요. 내겐 아무것도 없어요!'라는 공방전 속에 결국 하나님이 쓰라고 하신 대로 썼는데 그것이 '나'라는 시가 되었다."

시기하는 마음을 극복하려면 다른 사람에게 돌린 시선을 거두어 하나님이 내게 주신 것을 보아야 합니다. 하나님은 우리가 이 땅에 태어나서 살아가는 동안 각자에게 재능과 은사를 주셨습니다. 아무것도 받은 것이 없는 사람은 없습니다. 이것을 확신하고 자신을 찬찬히 살펴보면 감사할 것이 반드시 있습니다.

내게 있는 것, 즉 하나님이 내게 주신 것을 감사하면서 열심히 일하면 됩니다. 많이 받은 사람을 시기할 필요도 없고 나는 왜 이렇게 적게 받았느냐고 자기 연민에 빠질 필요도 없습니다. 그것은 너무도 어리석은 것입니다. C. S. 루이스는 신약성경에서 발견되는 신자가 누릴 참된 영광이란 "하나님이 알아주고 인정해 주시는 것"이라고 말했습니다.

이 세상은 결코 공평하지 않습니다. 그러나 공평하지 않은 현실 속에서 공평하게 역사하시는 하나님의 섭리를 믿을 때, 이 세상에서 천국을 누리는 영적 에너지를 얻을 수 있습니다.

시기하는 마음이 들 때
오히려 기도하라

타락한 인간이 자신의 경쟁자를 위해 기도하는 것은 불가능합니다. 그러나 새로운 생명으로 거듭난 성도이기에 우리는 그 사람을 위해 기도하는 훈련을 해야 합니다. 19세기 말 영국 런던에 살아 있는 전설이라고까지 불렸던 프레드릭 마이어F. B. Meyer 목사의 일화입니다. 1904년에 위대한 설교자 캠벨 모건Campbell Morgan이 미국에서 런던으로 왔을 때 런던의 온 도시가 소란스러웠습니다. 마이어 목사는 이렇게 말했습니다. "캠벨 모건이 미국에 있을 때 그의 사역의 성공을 위해 기도하기란 쉬웠다. 그러나 그가 영국으로 돌아와 우리 교회 근처에 있는 한 교회에 부임했을 때는 달랐다. 내 안에 옛 아담의 질투가 일어났지만 나는 발꿈치로 질투의 머리를 밟았다. 내 친구에 대한 기분이 어떻든 나는 바르게 행동하기로 결심했다. 나는 밤낮으로 경쟁자인 캠벨 모건을 위해서 기도했다. 하나님은 어려움에서 나를 건지셨다."

나보다 잘되고 먼저 앞서가는 이를 위해 기도하기는 쉽지 않습니다. 그러나 우리는 새로운 피조물이기에 경쟁자를 위해 기도할 때 성령이 우리를 천국을 누리는 삶으로 인도하실 것입니다.

꽃꽃꽃

지금 누군가를 시기하고 질투하기 때문에 내 삶이 황폐해지고 있지는 않습니까? 지금 사는 것이 불행하다는 생각이 든다면 다른 사람과 비교하지 말고 현재 내게 숨 쉴 수 있는 생명이 있음에 감사합시다. 하나님께 예배할 수 있음에 감사합시다. 내게 있는 것으로 인해 만족하며 감사로 삶을 엮어 가면 어떨까요?

변 화 를 위 한 물 음

1. 다른 사람을 시기하게 되는 실제적인 이유는 무엇입니까?
2. 시기는 주로 어떤 영역에서 일어나는지 말씀 중심으로 생각해 봅시다.
3. 시기를 허용해서는 안 되는 이유는 무엇입니까?

마음 깊이 보기 2

분노

창 34:1-17

살다 보면 분노할 일이 많습니다. 분노 자체가 잘못은 아니지만 분노를 잘못 다스리면 하나님의 형상을 지닌 인간 내면에 비인간화가 일어납니다. 성경은 분노가 나와 타인의 삶을 파괴할 수 있음을 보여 줍니다. 분노의 파괴력이 큰 이유는 하나님의 의를 이루지 못하기 때문입니다(약 1:20).

야곱의 딸 디나가 하몰의 아들인 세겜 추장에게 성폭행 당했다는 소식을 들은 오빠 시므온과 레위는 분노했습니다.

그들은 좌절감과 모욕감 등의 감정에 휩싸여 복수를 계획하고 실행했습니다. 물론 동생이 불의한 일을 당했을 때 분노하는 것은 마땅합니다. 하지만 그들의 문제는 통제되지 않는 분노였다는 것이고, 결국 죄로 이어졌다는 것입니다.

성경은 "분을 내어도 죄를 짓지 말며 해가 지도록 분을 품지 말고 마귀에게 틈을 주지 말라"(엡 4:26-27)고 경고합니다. "분을 내어도"라는 말은 분을 내어도 좋다는 의미입니다. 물론 단서가 있습니다. "죄를 짓지 말며" 그리고 "저녁때까지 계속 분을 품지 말라"고 했습니다. 분노의 감정 자체는 죄가 아닙니다. "분을 내어도"라는 말은 분노의 긍정적인 면, 곧 죄 없는 분노가 있다는 것을 담고 있습니다. 긍정적인 분노, 즉 의분이라고 할 수 있는데 이 감정을 통해 하나님의 뜻을 드러낼 수 있습니다.

하나님은 인간의 못된 죄, 불순종에 대해 분노하고 진노하십니다. 하나님은 죄를 결코 간과하시지 않기 때문입니다. 그러나 하나님은 우리가 죄를 지을 때마다 분노하고 진노하시지 않습니다. 정말 필요한 때, 필요한 사람에게 분노하십니다.

예수님도 예루살렘 성전에서 성전을 더럽히는 상인들에게

분노하셨습니다. 또한 긍휼 없는 사람들의 마음에 대해 분노하셨습니다. 예수님은 율법의 정신을 모르고 깨닫지 못하는 사람들 때문에 화를 내셨습니다. 예수님의 분노는 우리의 분노와 달랐습니다. 의분이냐 아니냐의 기준은 분노의 대상과 동기에 있습니다. 예수님은 자신 때문에 화를 내신 것이 아닙니다. 그분은 헤롯이나 빌라도 앞에 끌려가셨을 때나 채찍질과 조롱당하실 때에도 전혀 분노하시지 않았습니다. 사역 초기에 사람들에게 밀려 낭떠러지에서 떨어질 뻔하셨을 때도 마찬가지였습니다. 예수님의 분노는 하나님과 사람들에게 행해진 불의를 대상으로 한 의로운 분노였습니다.

안타깝게도 우리는 자기 문제로 수없이 분노하면서 하나님과 관계된 일, 그분이 마음 아파하시는 일에 대해서는 침묵합니다. 내가 분노할 때 왜, 무엇 때문에 분노하는지 자신을 돌아보아야 합니다. 나의 유익을 위해서, 내가 불편하고 손해를 보니까 분노하는 것은 아닌지 점검해야 합니다. 나를 분노하게 하는 상황에서 심호흡을 하면서 '지금 내가 화를 내는 것이 정당한가?' 생각하는 훈련을 해야 합니다. 또한 분노의 파괴력을 기억해야 합니다. 화가 나면 일단 우리 몸에 이상이 옵니다. 눈살이

찌푸려지고 몸이 떨리고 심장 박동이 빨라지면서, 더 격해지면 상대에게 폭력을 가하고 싶은 마음과 죽이고 싶은 감정까지 생깁니다. 복수하고자 하는 마음에 불타면 서슴없이 범죄를 행합니다.

세겜 추장이 많은 선물과 원하는 것을 다 주겠다고 제안했을 때 야곱의 아들들은 "그런 것은 필요 없고, 할례를 받으면 우리가 너희와 함께 교류하겠다"고 약속했습니다. 이 말을 듣고 야곱의 가족과 함께 살면 손해 볼 것 없다고 확신한 세겜 추장은 마을 사람들에게 모든 남자는 할례를 받도록 권했습니다. 시므온과 레위는 할례를 받아 고통 가운데 움직이기 어려운 틈을 타서 쳐들어가 모든 남자를 다 죽이고 물건을 약탈했습니다.

한순간에 야곱의 아들들이 폭도로 변했습니다. 화를 잘못 다스리면 이렇게 살인마로 변할 수 있습니다. 사람을 사람으로 보지 않고 죽여야 할 대상으로 봅니다. 사랑하는 배우자도 죽일 수 있고, 자녀도 죽일 수 있습니다. 잘못된 분노는 그만큼 위험합니다.

시므온과 레위와 그 형제들이 세겜 부족을 공격했을 때 그들은 자신들이 악한 백성을 심판한다고 생각하고 자신들의 살인과 탈취 행위들을 정당하게 여겼을 것입니다. 그 어떤 잘못을 저지른 사람이라 할지라도 우리가 그들의 재판관이나 심판자가 되어서는 안 됩니다.

동생 디나를 찾아오고 세겜 부족을 완전히 무너뜨렸을 때 시므온과 레위, 그리고 그의 형제들은 속이 후련했는지 모릅니다. 화를 내면 일단 부글거리던 속이 후련해지는 것 같은 느낌이 듭니다. 그러나 원수 갚는 일은 내게 속해 있지 않습니다. 내가 모든 것을 다 할 수 없습니다.

나와 내 가족에게 끔찍한 상처를 입힌 원수에게 분노와 복수를 하는 대신 그를 용서해 준다는 것은 쉬운 일이 아닙니다. 억울하다는 생각을 뿌리칠 수 없을 것입니다. 그러나 나를 힘들게 하고 피해를 준 그 사람을 복수할 마음으로 계속 붙들고 있는 것은 나 자신을 서서히 파괴하는 행위입니다. 의분이 아닌 절제되지 못한 분노는 삶에 천국 대신 지옥 같은 고통을 초래합니다.

무엇보다 하나님의 백성인 우리는 예수님의 용서를 받은 사람들입니다. 나의 모든 죄를 용서하신 예수님이 주신 말씀을 조용히 묵상해 봅시다. "이제 그 사람을, 그 문제를 나에게 맡기면 어떻겠니?" 하시는 주님의 음성에 "네"라고 반응하여 참된 자유를 누리게 되기를 바랍니다.

외로움

눈을 돌리면 보이는 존재

딤후 4:9, 16-18

걸으로 보기에 화려한 삶을 살고 활발한 활동을 하고 있다 해
도 내면의 감정을 잘못 다스리면 삶이 무너집니다. 그 가운데 하
나가 외로움입니다. 외로움은 자기 스스로 고립되어 쓸쓸한 마음
을 갖는 것입니다. 기독교 상담학자인 게리 콜린스Gary R. Collins 는
"외로움이란 인간 고통에 있어 가장 보편적인 원인 중 하나"라고
했습니다.

　하나님도 타락하기 이전에 아담이 혼자 있어 외로움을 느꼈음

을 아시고 돕는 배필을 지으신 것을 보면 외로움은 모든 사람이 경험하는 것임을 알 수 있습니다. 선교와 목회 사역을 탁월하게 감당했던 사도 바울에게도 외로움이 몰려올 때가 있었고, 하나님과 친밀함을 누렸던 신앙의 인물 역시 마찬가지였습니다.

"주여 나는 외롭고 괴로우니 내게 돌이키사 나에게 은혜를 베푸소서"(시 25:16).

실제로 누구나 한 번쯤은 자신이 외롭다고 생각해 보았을 것입니다. 그런데 문제는 인간의 공통적인 정서인 외로움에만 집중하는 것입니다. 그러다 보면 내면의 감정을 잘못 다스려 정상적인 삶에서 벗어나게 되고 삶이 붕괴될 수 있습니다. 시베리아 감옥의 죄수들이 가장 무서워하는 것은 혹독한 추위도, 힘든 노동도 아니라고 합니다. 바로 독방에 들어가는 것입니다. 외로움은 폭력보다 더 무섭습니다.

외로움을
느끼는 이유

사람들이 외로움을 많이 느끼는 요인이 무엇입니까?

먼저 사회적 요인이 있습니다. 폴 투르니에Paul Tournier는 외로움의 감정은 이 시대 사회적 환경 때문이라고 했습니다. 과학 기술이 발달함에 따라 사람들 사이에는 효율성과 편의성이 더욱 강조되고 있습니다. 그로 인해 깊고 만족스런 인간관계를 발전시킬 시간이 줄어들고, 관계는 피상적이 되며, 서로에 대한 이해심은 떨어져 그 결과 외로움이 밀려온다는 것입니다.

사회 구조와 생활 패턴이 급속도로 달라지고 있습니다. 전에는 가족이 함께 거실에서 TV를 보면서 채널 때문에 싸우기도 했지만 그래도 함께 지냈습니다. 밥도 같이 먹고 간식도 같이 먹고 대화도 나누곤 했습니다. 그러나 지금은 아예 자녀들이 방에서 나오지 않습니다. 컴퓨터와 스마트폰으로 자기가 원하는 사이트에 들어가 자기 취향대로 해결합니다. 자녀는 부모와 대화가 안 된다고 하고, 부모는 자녀를 외계인이라고 합니다.

가족 간의 대화와 감정의 교류가 사라지면서 '은둔형 외톨이'라는 아이들이 생겨나기 시작했습니다. 경건한 믿음의 명가를 세우는 데 실패하면 우리에게도 이런 부작용이 나타납니다. 경건한 믿음의 가문은 자녀와 함께 여호와를 경외하며 그 도를 행하기 때문에 극단적인 외로움에 빠지지 않습니다. 가정예배만 드려도 그 가족은 정신 질환에서 벗어날 수 있습니다. 어릴 때부터 온 가족이 함께 가정예배를 드려야 하는 이유입니다.

또한 심리적 요인이 있습니다. 사람의 내면에 잘못된 심리적

성향이 있으면 외로움을 극대화시키는데, 그릇된 자존감이 대표적입니다. 자존감이 낮으면 자신의 가치를 과소평가해서 움츠러들기 때문에 다른 사람과 사귀기를 꺼립니다. 반면 자존감이 너무 높으면 다른 사람을 무시하는 경향이 두드러지다 보니 주위 사람들이 피하게 됩니다. 어느 경우이든 다른 사람들과 친밀한 관계를 갖기가 어렵습니다.

낮은 자존감을 가진 사람들은 자신이 약하다고 생각하기 때문에 지나치게 남에게 의존하는 경향을 보입니다. 그러다가 다른 사람이 자신의 기대를 채워 주지 못하면 심한 외로움을 느끼게 되어 결국 의사소통에서 미숙함을 나타냅니다. 낮은 자존감을 가진 사람은 잘 삐치고, 너무 높은 자존감을 가진 사람은 화를 잘 내고 상대방을 무시하는 언어를 사용하여 스스로 고립감을 초래하게 됩니다.

인기 스타나 유명인도 외로움을 많이 타는데, 정신과 전문의에 의하면 다른 사람에게서 자기 존재 이유를 찾기 때문이라고 합니다. 그들은 사람들의 지지와 호감, 칭찬, 인기에 의존하기 때문에 화려한 겉보기와는 달리 자존감에 취약합니다. 남들에게 관심을 받지 못하면 외로움에 빠지고 전전긍긍하다가 엉뚱한 선택을 하기도 합니다. 인터넷 도박 등 잘못된 습관에 물들어 결국 파괴적인 선택을 하고 마는 것입니다.

환경적 요인도 있습니다. 헬렌 아담스 켈러Hellen Adams Keller
는 "독신이거나, 갑자기 상황이 변해 혼자 살게 되었거나, 나이가
많은 노년기가 되거나, 혹은 어떤 분야에서 지도자적 위치에 있
는 사람들이 외로움에 빠질 수 있다"고 했습니다. 이들은 항상 사
람들의 그룹과 떨어져서 활동하기 때문에 외롭다는 것입니다. 그
리고 자수성가한 부자들, 재능이 뛰어난 사람들 등이 외로워하기
쉬운 사람들로 밝혀졌습니다.

또한 영적 요인이 있습니다. 하나님은 하나님 자신을 위하여
세상을 창조하시고 인간을 창조하셨지만 인간을 존중하셔서 인
간에게 자유의지를 주셨습니다. 그러나 인간이 자유의지로 죄를
지어 하나님과의 관계가 끊어졌기 때문에 모든 인간은 마음의 참
된 평안을 얻지 못합니다.

어떤 이유든지 외로움은 우리에게 정신적 고통을 가져다줍니
다. 그리고 다른 사람으로부터 고립되는 것으로 인해 자신을 무
가치하게 여기고 자신에 대해 실망하고 자기 연민에 빠져듭니다.
이러다 보니 사람들과 어울리기를 꺼리고 스스로 절망의 늪으로
점점 들어가게 됩니다. 배우자가 있고 가족이 있고 친구가 있지
만 '나는 혼자다'라는 생각으로 점점 더 외로워집니다.

바울의
외로움

목회와 선교 활동을 위해 열심히 달려왔던 사도 바울도 외로움을 느꼈습니다. 그가 외로움을 느낀 때는 언제였습니까? 자신의 주변에 기대하지 않은 상황이 전개될 때였습니다. 바울과 함께 동역했던 데마가 배신을 하고, 항상 옆에 있을 것이라고 생각했던 동역자들이 하나둘 떠나고, 선교사 신분이 죄수의 신분으로 바뀌었습니다.

외로움은 언제 몰려오는 것일까요? 나이가 들면 공연히 외로움을 많이 타게 됩니다. 젊은 사람들이 그렇게 부러워 보입니다. 사도 바울은 이제 나이가 들어 체력도 떨어지고 모든 것이 힘들어졌습니다. 나이가 들면 마음이 쉽게 약해집니다. 또한 하던 일이 갑자기 어려운 지경에 이르면 외로워집니다. 잘되던 사업이 잘 안되거나, 갑자기 친구가 배신하거나, 자녀나 배우자가 속을 태우면 더욱더 외롭습니다.

사도 바울에게는 이런 모든 상황이 한꺼번에 닥쳤습니다. 정말로 힘든 상황이었지만, 그는 이 외로움 때문에 삶이 흔들리지 않았습니다. 그는 외로움을 극복했습니다. 어떻게 외로움을 극복했을까요?

리처드 울프Richard Wolf는 외로움을 극복하기 위한 방안들을 이렇게 제시했습니다.

"직업을 바꾼다. 클럽에 가입한다. 긍정적이 된다. 공격적이 된다. 결혼한다. 재혼한다. 여행을 한다. 이사를 한다. 재미있게 보낸다. 혼자 있지 않는다. 음악을 듣거나 라디오를 듣는다. TV를 본다. 영화를 감상한다. 좋은 책을 읽는다. 취미를 하나 찾는다. 교양을 쌓는다. 시야를 넓힌다. 놀이를 한다. 여가 시간을 늘린다. 특기를 개발한다. 목표를 새롭게 한다. 자진하여 일한다."

그런데 문제는 이 모든 활동이 외로움을 주는 고통을 일시적으로 치료할 수 있을지는 몰라도 근본적인 해결은 되지 못한다는 데 있습니다. 외로움에 대한 바람직하고 근본적인 도움은 하나님의 말씀 속에서 찾을 수 있습니다.

"데마는 이 세상을 사랑하여 나를 버리고 데살로니가로 갔고 그레스게는 갈라디아로, 디도는 달마디아로 갔고"(딤후 4:10)라는 말속에서 사도 바울의 외로움이 진하게 느껴집니다. 동역자들이 여러 이유로 자신을 떠나고 누가만 남았을 때 사도 바울 자신은 무척 외로웠을 것입니다.

우리가 외로움을 느낄 때는 원인이 무엇인지 생각해 보아야 합니다. 환경의 변화 때문인지, 나이가 들어서인지, 나만이 알고 있는 죄 때문인지, 아니면 의사소통의 능력이 미숙해서 사람들이 떠나고 혼자 남게 되었는지를 곰곰이 생각해 볼 필요가 있습니다. 사도 바울은 우선 자신이 환경적으로 외로운 처지에 있었음을 인식했습니다. 그런 후에 디모데에게 부탁할 것은 부탁하며, 스스로 처방을 내렸습니다.

외로움을 나눌 동역자

외로움의 원인 중에는 바꿀 수 있는 것이 있고, 바꿀 수 없는 것이 있습니다. 바울의 경우 현재 자신이 연금 상태로 수감되어 있는 생활 환경 자체는 바꿀 수 없었습니다. 나이가 들고 체력이 떨어지는 것 역시 바꿀 수 없었습니다. 그는 자신이 할 수 있는 것을 바꾸기로 시도했습니다. 외로운 환경을 바꾸려는 것입니다. 그래서 그리운 친구이자 동역자인 디모데에게 빨리 오라고 요청합니다. 지혜 있는 처사가 아닐 수 없습니다. 마음을 나눌 수 있는 사람이 있음은 소중한 복 가운데 하나입니다.

외로움을 느끼는데 함께할 친구가 없다는 것은 정말 안타까운 일입니다. 대만 작가 우뤄취안의 《우리는 그렇게 혼자가 된다》(나라원, 2018)라는 책을 〈미래의 노후〉라는 웹 영화로 만들었는데, 산

속에서 혼자 사는 노인의 이야기로 많은 사람의 공감을 불러일으켰습니다. 4명의 자식들은 모두 장성하여 교수가 되거나, 해외에 나가 비즈니스를 하며 살고, 노인 혼자만 자식들이 떠난 산골 집에서 혼자 살아갑니다.

그러던 어느 날, 아들과 손자가 멀리서 찾아온다는 소식에 그는 정성껏 음식들을 준비합니다. 하지만 갑작스런 일이 생겨 못 온다는 아들의 전화를 받고, 준비했던 음식들이 주인을 잃은 상황이 되자 노인은 친구를 불러 함께 식사할 계획을 세웁니다. 하지만 노인은 누렇게 색이 바랜 낡은 수첩을 한참 동안 뒤적거려도 함께 식사할 만한 친구를 찾지 못합니다. 창 밖에는 비가 쏟아져 내리고, 결국 노인은 음식이 가득 차려진 부엌 식탁에 앉아 홀로 음식을 먹게 됩니다. 마지막 장면에는 '인생의 마지막 20년을 함께할 친구가 있습니까?'라는 자막이 나오며 막을 내립니다.

사도 바울이 디모데를 오라고 부를 수 있었던 것은 예수 안에 있는 공동체에 함께했기 때문입니다. 당신에게는 이런 공동체가 있습니까? 우리 모두에게는 공동체가 필요합니다. 인간은 공동체로 존재하는 하나님의 형상을 지닌 존재이기 때문에 공동체를 떠나서는 결코 행복을 경험할 수 없습니다. 하나님은 한 분이시지만 성부, 성자, 성령 하나님, 즉 공동체로 존재하십니다. 세 위로 존재하시나 한 분이신 하나님, 삼위일체 하나님은 신비로운 분이십니다.

하나님이 창조하신 인간 역시 공동체 안에 존재해야 바로 살수 있음을 잊어서는 안 됩니다. 종종 엉뚱한 사고를 치는 사람들을 보면 공동체에 속하지 않은 채 외톨이인 경우가 많습니다. 자기 혼자 생각하고, 자기 혼자 결정하고, 자기 혼자 비현실적인 공상에 빠지다 보니 균형 감각을 잃게 되어 엉뚱한 행동을 합니다.

사도 바울에게는 다행히 디모데가 있었습니다. 물론 나이 차이가 많아 믿음의 아들이라고 불렀지만 디모데는 동역자이자 마음을 나눌 수 있는 친구였습니다. 바울은 디모데만 부른 것이 아니라 마가도 함께 데리고 오라고 했습니다. 마가에게는, 2차 전도 여행 때 동행하기를 거부해 불편한 마음이 있었던 것입니다. 이처럼 바울에게는 어떤 감정의 문제를 풀고자 부탁할 수 있는 공동체가 있었습니다. 정말 다행한 일이 아닐 수 없습니다.

힘들고 외로울 때 속마음을 나눌 친구가 있습니까? 일 때문에 만나는 사람이 아니라 속마음을 터놓고 진심을 나누고 서로를 세워 주는 친구가 있습니까? 만약 그런 친구가 있다면 귀히 여기고 더 깊은 교제로 나가야 합니다. 만약 없다면 지금이라도 주 안에서 친구를 만들어야 합니다. 아니, 나 자신이 그들의 친구가 되어야 합니다.

두세 사람이 예수님 이름으로 모이는 공동체의 삶을 나누어 가십시오. 단순히 말동무가 아니라 주 안에서 만나야 합니다. 주

안에서의 만남만이 나와 너, 우리의 고독의 문제를 풀 수 있습니다. 바울은 주 안에서 신앙의 동지요 친구와 함께 있었기 때문에 외로움을 이겨 낼 수 있었습니다.

예수님을 인식하면
외롭지 않다

사도 바울이 단지 친구 디모데만을 찾은 것은 아닙니다. "주께서 내 곁에 서서"(딤후 4:17)라는 표현은 우리에게 중요한 사실을 알려 줍니다. 인간이기에 친구 디모데를 불렀지만 친구를 찾는 동시에 그는 예수님을 바라보았습니다. 외로움의 상황 속에서도 예수님을 인식하며 그분을 찾고 그분이 함께하심을 확신했습니다.

우리가 친구를 찾고 소그룹 공동체를 찾아가 마음을 나누는 것은 외로움을 극복하는 데 큰 도움이 됩니다. 그러나 우리 모두가 경험하는 바와 같이 사람에게서 도움을 얻지 못할 때도 있고, 기대했던 위로 대신 실망을 얻을 수도 있습니다. 그러나 내가 친구를 귀히 여기고 공동체를 귀히 생각하라는 예수님의 가치를 나의 가치로 받아들이며 공동체와 함께 예수님을 바라볼 때 놀라운 은혜와 격려를 얻게 됩니다. 내 안에 계신 예수님이 그들 속에 계신 예수님과 한 분이심을 믿고 예수님의 사랑의 프리즘으로 볼 때 외로움에서 벗어날 수 있습니다.

우리가 예수 그리스도를 삶의 구세주로 영접하면 그분은 우리 안에 거하십니다. 예수님은 포도나무가 되시고 우리는 그분의 가지입니다. 그런 예수님이 중요한 약속의 말씀을 하셨습니다.

"내가 아버지께 구하겠으니 그가 또 다른 보혜사를 너희에게 주사 영원토록 너희와 함께 있게 하리니"(요 14:16).

"보혜사"는 헬라어로 '파라클레이토스'인데, '파라'는 '옆'이란 의미이고 '클레이토스'는 '부르다, 말하다, 격려하다'라는 어원에서 왔습니다. 나의 인생길에서 돌에 걸려 넘어지고 힘들어 쓰러지려 할 때 바로 내 옆에서 "힘내! 일어서야 한다! 기운을 내!"라며 격려하시는 분이 바로 또 다른 보혜사 성령님이십니다.

바울은 나이가 들고, 환경이 바뀌고, 사람들이 자신을 버리고 떠난 시점에서 커다란 외로움을 느꼈습니다. 바로 그때 주님 앞에 나갔고 주님을 인식했습니다. 성령 하나님을 인식하고 믿을 때 두려움이 사라지고 평강을 얻게 됩니다. 그 누구라도 예수님을 믿지 않고 인식하지 않으면 '나는 혼자구나' 하는 외로움의 감정이 밀려와 견디기 어렵습니다. 그때 무엇으로 극복할 수 있을까요? 인터넷 게임이나 술로 달랠 수 있을까요? 이런 것들은 일시적인 위로를 줄지는 몰라도 결국 우리를 서서히 무너뜨립니다.

기본적인 영적 무기를
세우라

바이러스는 기본 체력이 약할 때 우리 몸에 침투하여 병을 일으키고 고통스럽게 합니다. 체력과 면역력이 강하면 그 어떤 바이러스가 와도 이길 수 있듯이 영적 무장을 하면 외로움이란 바이러스가 나에게 접근해도 반드시 이길 수 있습니다. 영적으로 건강한 사람은 시험을 만나도 넘어지지 않습니다. 사도 바울은 무엇으로 외로움과 싸우고 있습니까?

"네가 올 때에 내가 드로아 가보의 집에 둔 겉옷을 가지고 오고 또 책은 특별히 가죽 종이에 쓴 것을 가져오라"(딤후 4:13).

"특별히 가죽 종이에 쓴 것을 가져오라"고 한 이유가 무엇입니까? "가죽 종이에 쓴 것"은 성경책입니다. 하나님의 말씀을 읽고 묵상하겠다는 것입니다. 하나님의 말씀이 아니면 외로움의 문제를 이길 수 없습니다. 말씀을 기억하고 암송하고 묵상하십시오. 마음 판에 새기십시오. 어떤 시험도 능히 이길 수 있습니다. 어둡고 캄캄한 인생길을 걸어갈 때 말씀이 우리를 인도하기 때문입니다(시 119:105). 말씀을 기억할 때 죄와 유혹을 이길 뿐 아니라 처절한 고독도 넉넉히 이길 수 있습니다.

"주께서 내 곁에 서서 나에게 힘을 주심은 나로 말미암아 선포된 말씀이 온전히 전파되어 모든 이방인이 듣게 하려 하심이니 내가 사자의 입에서 건짐을 받았느니라 주께서 나를 모든 악한 일에서 건져 내시고 또 그의 천국에 들어가도록 구원하시리니 그에게 영광이 세세무궁토록 있을지어다 아멘"(딤후 4:17-18).

사도 바울은 하나님이 하신 일을 간증하고 그 하나님을 높였습니다. 감옥 속에서 하나님을 바라보고 하나님이 하신 일에 감사하고 성도들에게 간증했습니다. 외로움의 고통 가운데 있습니까? 어려운 일 가운데 있습니까? 하나님이 나를 건지실 것이라고 담대히 선언하고 간증하십시오. 간증은 나 자신에 대해 말하는 것이 아니라 내 삶 속에서 일하신 하나님을 말하는 것입니다.

욥은 자녀가 하루아침에 다 죽고, 재산도 다 날아가고, 아내조차 "하나님을 저주하고 죽으라"고 악담하며 자기를 떠났을 때 얼마나 외로웠을까요? 처절한 고통과 외로움에 처한 바로 그때 욥은 간증했습니다.

"내가 가는 길을 그가 아시나니 그가 나를 단련하신 후에는 내가 순금같이 되어 나오리라"(욥 23:10).

그는 하나님이 하신 일만이 아니라 앞으로 하나님이 하실 일까지 간증했습니다.

모든 사람은 외로움을 느낄 수 있습니다. 그러나 눈을 돌리면 나 혼자 있다고 생각한 그 순간에 내 옆에 계신 주님을 느낄 수 있습니다. 외로워하는 나의 인생 여정 속에 내 마음을 보시고, 만지시고, 위로하시는 하나님을 인식하고, 하나님이 다른 사람을 도울 힘까지 주실 것을 믿으며 하나님 안에서 자신을 우뚝 세워 가길 소망합니다.

변 화 를   위 한   물 음

1. 주로 외로움을 느끼는 때는 언제입니까?

2. 외로움에 빠지기 시작하면 어떤 일이 일어납니까?

3. 외로움을 지혜롭게 극복할 수 있는 방법은 무엇입니까?

두려움

내 힘을 빼고 주님과 손잡기

마 14:25-32

    살면서 두려움을 느끼지 않는 사람은 아무도 없을 것입니다. 사실 우리네 세상과 환경을 부정적으로 보면 무엇 하나 두렵지 않은 것이 없습니다. 그러나 내가 두려움을 느끼기 시작하면 나 자신도 주변의 사람도 당황하게 만듭니다.

    사람들은 막연히 그냥 무엇이 잘못될까 두렵다고 하는데, 성경은 두려움의 출처를 명확하게 말합니다. 우리가 알다시피 에덴 동산 안에 있었던 아담과 하와에게는 두려움이 없었습니다. 그들은 인간에게 최고로 적합한 환경 가운데 모든 동식물을 다스리며 살았습니다. 사자나 뱀도 아담의 리더십 아래 있어서 평안을 누리며 지냈습니다. 분명한 것은 이때까지만 해도 아담과 하와가 하나님과 친밀한 관계를 누리고 있었다는 것입니다.

그런데 그들이 사탄에게 속아넘어가 하나님이 금하신 선악과를 따 먹은 후 하나님이 "아담아, 네가 어디 있느냐?"고 부르신 바로 그때 그들은 두려움과 수치를 느꼈습니다(창 3:10). 누구도 그들을 정죄하지 않았지만 그들은 두려움과 수치를 느낀 것입니다. 이로써 우리 안의 두려움은 하나님이 주신 것이 아니라 사탄의 유혹에 넘어간 결과로 인한 것임을 깨닫게 됩니다.

그렇기에 예수를 믿는다고 두려움에서 완전히 자유할 수는 없습니다. 예수님의 제자들조차도 갈릴리 호수 건너편으로 가는 도중에 돌풍을 만나 배가 뒤집힐지도 모르는 상황에서 두려움에 빠졌습니다. 두려움의 수준을 넘어 죽음의 공포가 밀려왔습니다. 자신들의 능력으로는 아무것도 할 수 없는 절망적인 상황이었습니다. '이제 모든 것이 끝났다'는 죽음의 공포가 바람보다 더 빠르게, 파도보다 더 거세게 그들을 휘감았습니다.

두려움의 대상보다 큰
두려움의 감정

"제자들이 그가 바다 위로 걸어오심을 보고 놀라 유령이라 하며 무서워하여 소리 지르거늘"(마 14:26).

제자들은 물 위로 걸어오시는 예수님을 귀신으로 여겼습니다. 사실 귀신은 영적 존재이기 때문에 눈에 보이지 않습니다. 두려움 때문에 보이는 것처럼 느끼는 것입니다. 두려움은 정상적인 분별력을 상실하게 만듭니다.

개에 대한 두려움이 있는 사람은 귀여운 강아지를 보고도 무서워하며 피합니다. 군인이 전쟁터에서 지나친 두려움에 사로잡히면 순간적으로 시력을 상실하여 앞을 보지 못하기도 합니다. 과거에 자신을 심하게 해코지한 사람을 보면 순간적으로 말을 잃어버리는 실어증에 걸리기도 합니다. 이런 현상들은 매우 치명적입니다. 두려움은 정상적인 분별력을 잃어 이상 현상이 보이는 것입니다. 그러나 두려움의 대상 자체가 아니라 두려움을 느끼는 우리의 감정이 문제라는 점을 잊어서는 안 됩니다.

중세 유럽에 흑사병이 급속도로 퍼질 때 이런 이야기가 회자되었습니다.

한 순례자가 길에서 흑사병과 마주치자 그에게 물었습니다.

"너는 어디로 가는 길이냐?"

흑사병이 대답했습니다.

"이 마을에 5천 명을 죽이러 가는 길이오."

며칠 뒤 흑사병을 다시 만난 순례자는 그에게 따졌습니다.

"너는 일전에 나한테 그 마을에 5천 명을 죽이러 간다고 했는데 어째서 무고한 생명을 3만 명이나 죽였느냐?"

그때 흑사병은 이렇게 대답했습니다.

"아니요. 나는 내가 말한 대로 5천 명만 죽였소. 나머지는 두려움에 질려서 자기들 스스로 죽은 것이오."

두려움이 사람들을 죽게 한 것입니다. 두려움의 대상보다 정작 문제는 내 속에 있는 두려움의 감정입니다.

"바람을 보고 무서워 빠져 가는지라 소리 질러 이르되 주여 나를 구원하소서 하니"(마 14:30).

베드로는 다른 제자와 달리 "물 위로 오라"는 예수님의 말씀을 듣고 배에서 나왔습니다. 지구상의 어떤 사람도 경험하지 못했던 일을 시도한 것입니다. 그러나 믿음의 고공 행진을 했던 베드로는 갑자기 물속에 빠져 사정없이 허우적댔습니다. 이유가 무엇입니까? 무엇이 주님께로 가고 있던 베드로를 물속에 빠지게 했습니까? 바람이 빠지게 했습니까? 아닙니다. 베드로를 바다에 빠지게 한 것은 바람이 아니라 바람을 보았던 베드로 내면의 두려워하는 감정이었습니다. 베드로가 '저 바람이 나를 바다에 빠지게 할 것이다'라는 두려운 느낌을 갖는 순간 사정없이 물에 빠진 것입니다. 두려움에 사로잡히면 믿음의 고공 행진을 하면서도 하나님의 뜻을 이룰 수 없게 됩니다.

두려움은
바른 분별력을 잃게 한다

하나님의 인도하심으로 바로의 폭정에서 해방되어 애굽을 떠났던 이스라엘 백성이 홍해 앞에 이르자 바로의 특별 부대가 뒤쫓아왔습니다. 앞에는 홍해가 가로막고 있고 뒤에는 애굽 군인들의 말발굽 소리가 들려올 때 이스라엘 백성의 반응이 어떠했습니까?

"바로가 가까이 올 때에 이스라엘 자손이 눈을 들어 본즉 애굽 사람들이 자기들 뒤에 이른지라 이스라엘 자손이 심히 두려워하여 여호와께 부르짖고"(출 14:10).

바로 두려움이었습니다. 두려움을 느낀 백성은 하나님께 부르짖기도 했지만 그들의 입에서 나온 말은 가히 충격적입니다.

"우리가 애굽 사람을 섬길 것이라 하지 아니하더냐 애굽 사람을 섬기는 것이 광야에서 죽는 것보다 낫겠노라"(출 14:12).

두려움은 하나님의 위대한 약속을 무시하고 경멸하는 불신앙을 갖게 합니다. 가데스 바네아에서 "아낙 자손이 너무 커서 우리는 그들을 이길 수 없다"는 정탐꾼의 보고를 들었을 때에도 마찬가지였습니다.

"우리가 애굽 땅에서 죽었거나 이 광야에서 죽었으면 좋았을 것을 어찌하여 여호와가 우리를 그 땅으로 인도하여 칼에 쓰러지게 하려 하는가 우리 처자가 사로잡히리니 애굽으로 돌아가는 것이 낫지 아니하랴"(민 14:2-3).

두려움은 사람을 낙심시키고, 하나님의 약속을 믿지 못하게 하며, 하나님의 인도하심을 신뢰하지 못하게 만듭니다. 나아가 하나님의 뜻을 거부하고 반항하게 합니다. 이스라엘 백성은 "애굽으로 돌아가자"며 노골적으로 역행했습니다. 두려움은 우리의 시야를 막아 버리고 불평과 불신으로 이어지게 할 뿐만 아니라 스스로 절망을 불러들이게 합니다.

그들은 10가지 재앙을 통해 하나님이 그들을 억압했던 애굽의 압제자 바로를 어떻게 심판하시는지를 똑똑히 보았습니다. 불기둥과 구름기둥으로 보호하시고 인도하시며, 광야에서 만나를 먹이시는 하나님을 온몸으로 체험했습니다. 하지만 두려움에 사로잡히면 모든 것을 잊어버리게 됩니다. 두려움은 하나님의 약속을 불신하게 만듭니다. 두려움은 하나님의 뜻을 불순종하게 합니다. 더 이상 그 어떤 것이든 두려움에 사로잡히지 말아야 할 이유가 바로 여기에 있습니다.

하나님은 결코 우리에게 부정적인 두려움을 갖게 하시지 않습니다. 하나님은 능력과 사랑과 근신하는 마음을 주십니다. 사탄은 우리를 두려워하게 하지만, 예수님은 우리에게 평안을 주십니다. 풍랑을 만나 죽음의 공포 앞에서 두려워했던 제자들이 언제 평강을 얻게 되었습니까? 주님이 배에 오르실 때입니다.

"배에 함께 오르매 바람이 그치는지라"(마 14:32).

두려움과 공포에 싸여 있던 제자들이 타고 있는 배에 예수님이 오르시니 제자들을 두려움 속에 몰아넣었던 바람과 파도가 한순간에 사라졌습니다. 두려움은 예수님을 내 인생 바깥에 둘 때 어김없이 찾아오는 불청객입니다. 그분이 내 인생에 들어오실 때, 나의 인생의 키를 그분께 드리는 순간 두려움은 저만치 물러갑니다. 두려운 상황을 어떻게 극복할 수 있을까요? 인생 여정에 끊임없이 찾아오는 두려운 상황에서 평강을 얻는 유일한 길은 내 인생의 키를 예수님께 맡기는 것임을 알고, 우리의 생각을 다음과 같이 훈련해야 합니다.

예수님이 나를 여기에
보내셨다고 생각하라

믿음의 사람들에게는 두 가지 풍랑이 있습니다. 하나는 우리가 잘못했을 때 교정하기 위한 풍랑입니다. 다른 하나는 우리를 성장시키고 성숙을 돕는 풍랑입니다. 요나가 하나님께 불순종하다가 만난 풍랑은 요나를 교정하고 훈련하기 위해서였습니다. 하지만 예수님의 제자들이 만난 풍랑은 배를 타고 저편으로 가라는 예수님의 말씀을 따라가다가 만난 것입니다.

예수님은 제자들이 풍랑을 만날 것을 모르셨을까요? 어떤 학자는 예수님이 제자들을 이 풍랑 속으로 보내셨다고 합니다.

"예수께서 즉시 제자들을 재촉하사 자기가 무리를 보내는 동안에 배를 타고 앞서 건너편으로 가게 하시고"(마 14:22).

예수님은 벳새다 들판에서 오병이어의 기적을 행하신 후 제자들을 재촉하셔서 배를 타고 건너편으로 가게 하셨습니다. 왜일까요? 어떤 사람은 만약 제자들이 오병이어의 기적으로 인기 절정이셨던 예수님을 왕으로 모시려 하는 백성 사이에 있었다면 그들의 삶이 한순간에 잘못될 수 있었기 때문이라고 합니다.

제자들은 예수님이 배 안에 함께 있을 때 풍랑을 만난 적이 있습니다. 하지만, 이번에는 예수님이 없는 상황에서 풍랑을 만났으니 더욱 불안하고 두려웠을 것입니다. 적지 않은 성도들은 하나님의 말씀을 순종하면 인생 항해가 잔잔할 것이라고 생각하는데 그것은 잘못된 생각입니다.

"이것을 너희에게 이르는 것은 너희로 내 안에서 평안을 누리게 하려 함이라 세상에서는 너희가 환난을 당하나 담대하라 내가 세상을 이기었노라"(요 16:33).

하나님의 말씀을 따라 순종하고 있음에도 불구하고 풍랑을 만나 고난 중에 있다면 기억하십시오. "그분이 나를 여기에 보내셨다. 그리고 그분이 나를 돌보고 계신다"라고. 또한 예수님이 나를 위해 기도하신다는 것을 생각해야 합니다.

"무리를 보내신 후에 기도하러 따로 산에 올라가시니라 저물매 거기 혼자 계시더니"(마 14:23).

이 말씀은 두려움 많은 세상에 사는 우리에게 많은 것을 생각하게 하는 한 폭의 그림과도 같습니다. 하나님의 백성이 폭풍 치는 바다 한가운데에 있습니다. 바로 그 옆에서 예수님이 우리를 위해 기도하고 계십니다. 주님은 우리를 보시고 우리의 필요를 아십니다. 우리가 아파할 때 그분도 아파하십니다. 예수님은 제자들을 위해 기도하고 계셨습니다. 예수님이 우리를 붙들고 계시기에 우리는 결코 실패하지 않을 것입니다.

"누가 정죄하리요 죽으실 뿐 아니라 다시 살아나신 이는 그리스도 예수시니 그는 하나님 우편에 계신 자요 우리를 위하여 간구하시는 자시니라"(롬 8:34).

예수님은 반드시
내게 오신다

우리가 폭풍의 두려움 속에 있을 때 예수님은 어디에 계십니까? 처절한 고난 중에 힘들어할 때에는 예수님이 멀리 계시거나 존재하시지 않는 것처럼 느껴질 것입니다. 어쩌면 '이제 모든 것이 끝났다'는 생각이 들 바로 그때에도 주님이 오시지 않을 수 있습니다. 그러나 분명한 사실은 주님은 우리가 가장 필요한 그때에 반드시 오신다는 것입니다.

"밤 사경에 예수께서 바다 위로 걸어서 제자들에게 오시니"(마 14:25).

유대인의 시간으로 밤 사경은 새벽 3시부터 6시 사이의 시간을 말합니다. 이 시간에 예수님이 나타나셨습니다. 제자들이 고생할 것 다 하고, 죽음의 공포를 느끼고, 계속되는 풍랑 속에 그야말로 모든 것을 다 포기하고 싶은 바로 그때 오신 것입니다. 제자들의 입장에서는 예수님이 풍랑이 일기 시작할 때 오셨다면 두려움도, 고난도 당하지 않았을 것이라고 생각할 수 있습니다. 중요한 사실은 예수님은 내가 필요한 때가 아니라 주님의 때에 오신다는 것입니다.

더 중요한 것은 주님은 반드시 오신다는 사실입니다. 언제가 가장 적당한지는 그분만이 아십니다. 어쩌면 예수님은 제자들을 태운 배가 육지에서 가장 멀리 떨어질 때까지 기다리셨는지 모릅니다.

왜 예수님이 물 위를 걸어오셨습니까? 제자들이 가장 무서워하는 것이 물이었기 때문입니다. 왜 제자들이 예수님을 잘 몰라보았을까요? 그들이 주님을 찾지 않고 있었기 때문입니다. 만약 그들이 주님을 믿음으로 기다렸다면 바로 주님을 알아보았을 것입니다. 제자들은 주님을 알아보기는커녕 주님을 보고 귀신으로 착각했습니다. 두려움이 두려움을 부른 것입니다.

두려움과 믿음은 결코 공존할 수 없습니다. 한 마음 안에 두 마음을 둘 수는 없는 노릇입니다. 왜냐하면 두려움은 우리의 눈을 주님께로부터 멀어지게 만들기 때문입니다. 예수님은 폭풍 가운데 있는 우리를 반드시 찾아오십니다. 그리고 반드시 우리를 구하십니다. 약속하신 주님을 믿으십시오.

"네가 물 가운데로 지날 때에 내가 너와 함께할 것이라 강을 건널 때에 물이 너를 침몰하지 못할 것이며 네가 불 가운데로 지날 때에 타지도 아니할 것이요 불꽃이 너를 사르지도 못하리니"
(사 43:2).

나다,
두려워하지 말라

예수님은 왜 벳새다 들판에 있는 제자들을 갈릴리 호수로 가게 하셔서 풍랑을 만나게 하셨을까요? 왜 베드로를 풍랑 위로 오라고 말씀하시고는 그가 물에 빠져 익사하기 직전까지 내버려 두셨을까요? 위대한 믿음을 가진 베드로가 예수님 앞에 제대로 서 있으면 정말 멋지고 좋았을 텐데, 왜 창피하게 물속에 빠지도록 내버려 두셨을까요?

베드로에게는 믿음의 훈련이 필요했던 것입니다. 예수님이 베드로가 물에 빠져 들어갈 때 그에게 하신 말씀을 보십시오.

"예수께서 즉시 손을 내밀어 그를 붙잡으시며 이르시되 믿음이 작은 자여 왜 의심하였느냐 하시고"(마 14:31).

예수님이 베드로에게 원하신 것은 무엇일까요? "믿음이 작은 자여, 왜 의심하였느냐?"라고 말씀하신 의도가 무엇일까요? 이제 조금 있으면 주님은 제자들을 떠나셔야 합니다. 주님이 떠나신 후 그들이 직면해야 할 엄청난 풍랑을 아셨던 주님은 그들이 더 강한 믿음의 소유자로 세워지기를 원하셨을 것입니다. 주님이 없는 그때에도 모진 풍랑을 이겨 내고 주님을 신뢰하는 믿음으로 승리하기를 바라셨을 것입니다.

오늘 우리에게 필요한 것은 무엇일까요? 바람이 불고 파도가 일어 두려움에 사로잡혀 주님의 능력과 임재를 의심하게 되면 바람이 우리를 집어삼키고 말 것입니다. 많은 바람과 파도가 우리를 위협하는 그때는 바람을 보지 말고 주님의 약속의 말씀에 집중해야 합니다. 바람을 쳐다보면 빠질 수밖에 없습니다.

베드로는 예수님의 말씀이면 물 위로 걸을 수 있다는 위대한 믿음에서 불과 얼마 지나지 않아 물에 빠지는 믿음의 상태가 되었습니다. 주님 대신 바람을 보았기 때문입니다. 믿음 대신 두려움을 선택했기 때문입니다. 두려운 상황에서 주님 대신 바람, 주님 대신 상황, 주님 대신 나를 두렵게 하는 것을 바라보면 의심하게 됩니다. 베드로처럼 물에 빠집니다. 주님은 제자들에게 주님만을 믿는 믿음으로 앞으로 나아갈 것을 훈련하신 것입니다.

어떤 폭풍이 나의 삶에 몰아치더라도 "나니 두려워하지 말라"는 주님의 말씀을 신뢰하면 베드로처럼 풍랑 중에라도 배에서 나올 수 있습니다. 나의 믿음이 연약해도 주님은 나를 건지십니다. 주님이 내 인생의 배에 오르시면 오히려 나를 무너뜨린 파도로 인해 그분이 영광을 받으십니다.

"배에 있는 사람들이 예수께 절하며 이르되 진실로 하나님의 아들이로소이다 하더라"(마 14:33).

ᚾᚾᚾᚾ

두려운 상황이 올 때 우리는 내 힘을 빼고 주님께 맡겨야 합니다. 무서운 풍랑 중에도 무엇이 베드로로 하여금 배에서 나올 수 있게 했습니까? 두려움을 넘어 예수님을 바라본 것입니다. 당신도 지금 배에서 나올 수 있을까요? 예수님의 손을 잡으면 파도에도 의연할 수 있습니다.

변 화 를   위 한   물 음

1. 두려운 감정은 어디에서 비롯된 것입니까?

2. 두려움에 빠지면 어떤 일이 일어납니까?

3. 두려움을 극복하는 지혜는 무엇입니까?

마음 깊이 보기 3

정욕

삼하 11:1-13

   '정욕'이란 구약성경에 나오는 '아갑'이란 단어를 우리말로 번역한 것인데, 이 단어는 '자연의 기운', '숨'이라는 어원에서 왔습니다. 그러니까 정욕이란 '숨 쉬듯 자연스러운 욕망'이라는 것입니다. 신약성경에 나오는 '에피투미아'라는 헬라어 역시 '공기와 물 등의 강한 생동적인 힘, 충동, 욕망'을 의미하는 어원에서 왔는데, 이것이 '정욕'이란 의미로 사용되었습니다(마 5:28; 롬 1:24). 따라서 정욕이란 육체의 욕망으로서 모든 사람이 쉽게 범할 수 있는 것임을 암시합니다. 4세기 수도사들과 경건한 신앙의 인물들이 정욕을 7가지 대죄의 하나로 여겼던 이유가 바로 여기에 있습니다.

정욕은 하나님에게서 온 것이 아닙니다. 하나님과의 관계가 좋지 않고, 영적 생활이 안정되지 않으면 눈에 보이는 대로 살게 됩니다. 결국 정욕으로만 산다는 것은 사랑의 대상을 잘못 선택하여 죄를 짓는 것입니다. 궁극적인 참사랑의 대상이신 하나님의 사랑에서 벗어나 자기 사랑, 자기 유익에 집중하다 보니 탐욕에 빠지고, 탐식하게 되고, 게을러지고, 육체의 쾌락으로 이어져 죄를 짓습니다. 이 모든 것의 근원이 정욕이라는 것입니다.

다윗은 30세에 왕이 되어 헤브론에서 7년 반 동안 통치하다가 사울 왕가와의 힘든 전투 끝에 나라를 통일하고 예루살렘에 정착했습니다. 그 후에 밧세바 사건이 일어났습니다. 그때는 다윗이 더 이상 사울왕에게 쫓겨 다닐 때가 아니었습니다. 예루살렘성을 얻기 위해 여부스족과 싸워 함락할 때가 아니었습니다. 그때는 나라의 통일을 이루고 정치 외교적으로 안정을 이루고 있던 때였습니다. 어느 정도 무엇을 이루었을 때 방심하고 게으름을 피우다 보면 믿음의 성도임에도 불구하고 세상으로부터 온 정욕에 빠지기 쉽습니다.

잘못 다스린 정욕의 열매는 너무도 씁니다. 한 여인이 임신하는 일은 정말 기쁘고 감사한 일입니다. 그런데 다윗은 놀랍고 기쁜 일을 감추려고 했습니다. 은밀하게 지은 그의 죄가 온 세상에 드러나기 때문입니다. 이처럼 하나님의 뜻대로 행하지 않는 모든 것은 결국 고민거리가 되고 스트레스를 주어 고통스럽게 합니다.

다윗은 밧세바의 임신에 대한 알리바이를 조작하기 위해 전쟁터에서 치열하게 싸우고 있는 장수 우리아를 불러 때아닌 특별휴가를 주었습니다. 그러나 충직한 신하 우리아는 자신의 집으로 가지 않았고, 의도대로 되지 않자 다윗은 더 심각한 죄를 저질렀습니다. "그 편지에 써서 이르기를 너희가 우리아를 맹렬한 싸움에 앞세워 두고 너희는 뒤로 물러가서 그로 맞아 죽게 하라"(삼하 11:15)고 명령했습니다.

이것이 한 나라의 왕, 그것도 하나님을 사랑하고 섬겼던 사람이 할 수 있는 일인가요? 한순간 보지 말아야 할 것을 보았을 때 멈추지 않으면 이런 수준까지 떨어지게 됩니다. 한 번 잘못 생각하여 그릇된 선택을 하면 자신의 범죄를 감추려다 결국 해서는 안 될 일을 하게 됩니다.

범죄의 불행은 당대에 끝나지 않고 계속 이어졌습니다. 범죄한 다윗은 하나님의 원수가 되었고, 자신은 물론 자녀와 백성에게까지 불행이 이어졌습니다. 하나님은 나단 선지자를 다윗에게 보내 "이 일로 말미암아 여호와의 원수가 크게 비방할 거리를 얻게 하였으니 당신이 낳은 아이가 반드시 죽으리라"(삼하 12:14)고 경고하게 하셨습니다.

그러나 그가 범한 죄는 그것으로 끝나지 않았습니다. 다윗과 밧세바 사이에 태어난 아이는 시름시름 아팠습니다. 다윗은 자신의 죄를 깨닫고 금식하면서 하나님께 긍휼히 여겨 달라고 매달렸지만 아이는 결국 죽고 말았습니다. 다윗의 범죄로 인해 왕실 전체가 어두워졌습니다.

이뿐만이 아닙니다. 훗날 다윗의 아들 암논이 배다른 누이 동생 다말을 마음에 두어 교묘한 방법으로 욕보였습니다. 이 일 때문에 다말의 오빠 압살롬이 암논에게 복수하면서 피의 복수가 일어났습니다. 정말 비극이 아닐 수 없습니다. 한순간의 정욕을 잘못 다스려 성적 범죄를 행하고 그 범죄를 은폐하기 위해 또 다른 범죄를 저지른 결과 비극이 끝나지 않고 계속 이어졌습니다. 그렇다면 정욕에서 승리하는 길은 무엇일까요?

우리를 향한 하나님의 뜻은 분명합니다. "맡겨 주신 일을 성실하게 하라. 참고 인내하라." 하나님은 그분의 선한 일을 위해 우리를 지으셨음을 명확히 말씀하십니다. 성도의 기본적인 삶은 하나님이 주신 가정을 소중히 여기고, 주어진 일에 책임을 다하고, 공동체 안에서 사랑을 나누는 삶입니다. 이것이 하나님이 기뻐하시는 기본적인 일상입니다.

그러나 오늘날 세상의 가치는 솔깃한 말로 사람들을 유혹합니다. "너 자신을 위해 살라!", "너 하고 싶은 대로 하라!" 여기에 넘어가면 성도의 삶의 기본적인 체계가 무너집니다. 우리 각자의 삶의 기본 생활 습관과 패턴을 주의 깊게 살피지 않으면 세상 방식에 영향을 입고 살게 됩니다. 자고 싶을 때 자고, 먹고 싶을 때 먹고, 자기를 위해 즐기는 일만 하면 반드시 영적 방심이 일어나 정상적인 성도의 삶에서 멀어지게 됩니다.

다윗은 죄를 짓고 있으면서도 영적으로 둔감해져 죄인인 줄 알지 못했습니다. 더 심각한 것은 다른 사람이 잘못한 것은 극대화시켜 화를 냈습니다. 우리 역시 정욕을 피하지 않으면 이렇게 될 수 있습니다. 바울은 음행과 관련된 부도덕한 것은 그 이름조차도 부르지 말라고 했습니다(엡 5:3).

오늘날 사람들은 과거와 비교할 수 없는 물질적 풍요를 누리면서도 하나님을 사랑하는 경건한 환경으로부터 멀어져 영적 빈곤에 이르렀습니다. 토마스 아퀴나스는 "사람들은 인생에서 진정한 기쁨과 만족이 없을 때 그 허전함을 달래고 채우기 위해 잘못된 방편으로 정욕을 추구한다"고 했습니다.

인간의 근본적인 기쁨은 하나님을 사랑하고 하나님과의 관계 속에서 그분을 영화롭게 하는 데 있습니다. 일상에서 천국을 누리며 살기를 원하십니까? 하나님을 존중히 여기고 그분을 사랑하십시오. 사무엘서의 핵심 주제 가운데 하나가 "나를 존중히 여기는 자를 내가 존중히 여기고 나를 멸시하는 자를 내가 경멸하리라"(삼상 2:30)입니다.

다윗은 하나님을 존중히 여겼습니다. 다윗이 치명적인 죄를 지은 후 나단이 그 죄를 지적하며 "당신이 바로 그 사람입니다"라고 했을 때 침상이 젖도록 눈물을 흘리며 회개했습니다. 하나님을 존중했기 때문에 하나님은 "내 마음에 맞는 자"라고 다윗을 세우셨습니다.

다윗의 아들 압살롬은 형 암논이 동생 다말을 욕보인 일에 충격을 받았습니다. 압살롬은 아버지 다윗왕이 자신의 기대와는 달리 암논을 벌하지 않자 정의를 따라 처리하지 않는 아버지 다윗에게 반역했습니다. 그러나 다윗은 동생을 욕보인 암논도 용서했고, 심지어 자신을 반역한 압살롬이 죽자 가슴을 치며 "내 아들 압살롬아" 하며 대성통곡을 했습니다. 이때 요압은 다윗을 향해 "당신은 왕으로서 전장에 나가 싸운 군인들을 모욕하는 행위를 했습니다"라며 훈계했습니다. 왕의 법도가 아니라는 것입니다.

사울왕에게 생명의 위협을 당하고, 그를 죽일 기회가 두 번이나 왔었지만 죽이지 않은 다윗, 자신이 낳은 자녀와 부하에게 수치를 당하고서도 그저 울기만 하는 다윗의 모습을 봅니다. 하나님이 이런 다윗을 두고 "내 마음에 맞는 자"라고 하신 이유는 사랑의 하나님이시기 때문입니다. 한 손으로는 진노의 채찍으로 징계하시지만, 다른 한 손으로 그를 안으시는 분이 하나님이십니다.

하나님의 다른 한 손, 사랑의 손 때문에 하나님이 스스로 아픔을 당하시고 친히 우리를 위해 죽으셨습니다. 하나님의 깊은

사랑을 가슴에 품고 이 사랑 때문에 정욕에 빠져 죄짓지 말고,
불합리한 세상 속에서도 천국을 누리기를 바랍니다.

3장

일상에서
살피는 마음

염려

외면하고 싶은 상황이 올 때

마 6:31-34

세상을 부정적으로 보면 염려거리 아닌 것이 없습니다. 자신의 건강, 미래, 자녀, 주변에서 일어나는 모든 일이 염려거리가 됩니다. 실제로 요즘 염려하는 습관이 지나쳐 의사의 도움을 받아야 하는 사람이 늘고 있습니다. 염려는 우리의 삶에서 기쁨을 빼앗아 갑니다. 염려가 깊어지면 우리의 삶을 서서히 무너뜨릴 수 있습니다.

그런 우리에게 염려하지 말라는 예수님의 메시지는 참으로 간

단명료합니다. 모든 일은 내가 염려한다고 되는 것이 아니라 하나님의 주권과 창조 질서에 의해 다스려집니다. 자신의 출생에 대해 염려하며 태어난 사람이 있을까요? 어린아이가 청년이 되고 성인이 되는 것 또한 염려함으로 이루어지는 것이 아닙니다. 한순간도 숨을 쉬지 않고는 살 수 없는 우리지만, 염려한다고 숨을 잘 쉬는 것이 아닙니다. 모든 것이 하나님의 창조 질서에 의해 자연스럽게 이루어지고 있음에도 불구하고 우리는 끊임없이 염려하며 살고 있습니다.

유월절을 앞두고 한 유대인이 랍비에게 와서 말했습니다.

"저는 염려거리가 너무 많아서 머리가 아파 못살겠어요."

"무엇 때문에 염려가 많은가?"

"무교병 살 돈도 없고, 유월절 고기 살 돈도 없고, 제 옷과 아내의 옷, 그리고 아이들 옷 살 돈이 없어 이만저만 걱정이 아닙니다."

"돈이 얼마나 들기에 그렇게 염려가 많은가?"

"무교병은 5천 원, 고기값은 2만 원, 제 옷은 5만 원, 아내 옷은 10만 원, 아이들 옷은 3만 원이나 드니 염려가 얼마나 많겠습니까?"

그때 랍비는 이렇게 말했습니다.

"자네는 걱정이 너무 많네. 20만 5천 원, 이 걱정 하나만 하게. 그리고 한 가지만 기도하게나! 그 돈을 달라고 말이야!"

"그러므로 염려하여 이르기를 무엇을 먹을까 무엇을 마실까 무엇을 입을까 하지 말라"(마 6:31).

사람들이 염려하는 것은 대부분 무엇을 먹을까, 마실까, 입을까입니다. 즉 의식주의 필요와 연관되어 있습니다. 그러나 예수님은 염려하지 말라고 하십니다. 예수님이 물질 없이는 살 수 없는 우리의 현실 상황을 몰라서 이 말씀을 하신 것일까요? 예수님이 몰인정하거나 비인간적인 분이 아니심에도 불구하고 염려하지 말라고 하신 것은 염려가 하나님과 자기 백성 사이의 관계에 지대한 영향을 미치기 때문입니다. "염려하지 말라"고 하신 말씀의 의미와 목적은 무엇일까요?

염려하지 말라는
의미

마틴 로이드 존스Martyn Lloyd Jones 목사는 "먹을 것, 마실 것, 입을 것을 염려하지 말라는 의미는 아무 계획도 없이 되는 대로 살라는 무책임한 말씀이 아니다"라고 했습니다. 예수님이 공중에 나는 새를 예로 드신 것은 그의 해석을 뒷받침합니다.

"공중의 새를 보라 심지도 않고 거두지도 않고 창고에 모아들이지도 아니하되 너희 하늘 아버지께서 기르시나니 너희는 이것들보다 귀하지 아니하냐"(마 6:26).

공중에 나는 새가 아무것도 하지 않고 놀고먹는 것이 아닙니다. 새는 쉴 새 없이 날아다니면서 먹이를 구하고 입을 벌려 물을 마십니다. 새는 부지런히 노동을 하지만 "금년에 열매가 적게 맺히면 어떻게 하지? 내가 좋아하는 열매가 사라지면 어떻게 하지?" 하고 염려하지 않습니다. 한마디로 하나님이 책임지신다는 말씀입니다.

누가 아프리카의 사자와 표범을 먹이십니까? 누가 세계 수십억 인구를 먹이고 재우십니까? 하나님이 주관하십니다. 그러나 새가 하루의 먹이를 위해 열심히 일하듯 우리 역시 하나님이 책임지시니 아무런 책임이 없다고 생각해서는 안 됩니다.

염려의 의미는 무엇일까요? 마음이 여러 갈래로 나뉘어져 혼란에 빠진다는 의미입니다. "염려하다"라는 원어의 의미는 생각이 여러 방향으로 나뉘어져 머리가 복잡하고 혼동되어 어떤 것이 바른 것인지 판단하기 어려운 상태가 되는 것입니다. 머리가 복잡하니 몸도 갈피를 못 잡아 신체에 영향을 미칩니다.

염려의 고대 영어의 어원은 '목을 조인다', 즉 '숨통을 막히게 한다'는 뜻입니다. 염려에 사로잡히면 목이 조여 숨통이 막히는 듯한 느낌을 갖게 되므로 몸에 이상이 오는 것은 당연합니다. 머리가 복잡하니 두통이 오고, 목이 조이니 목이 아프고, 위궤양이 생기고 소화가 안 됩니다. 뿐만 아니라 바른 판단과 분별을 하지 못하게 되어 엉뚱한 결정을 합니다. 염려는 어떤 일과 사람에 대해 바른 결정을 하지 못하게 하고 바른 감정을 갖지 못하게 합니다. 하나님을 신뢰하지 않는다는 의미입니다. 하나님이 나와 세상을 통치하신다는 하나님의 주권에 대한 믿음이 없으면 염려하게 됩니다.

"이는 다 이방인들이 구하는 것이라 너희 하늘 아버지께서 이 모든 것이 너희에게 있어야 할 줄을 아시느니라"(마 6:32).

예수님은 의식주 문제로 염려하여 마음이 혼란에 빠지는 사람들은 하나님을 믿지 않는 이방인들과 같다고 분명히 말씀하십니다. 이방인들, 곧 세상 사람들은 모든 것을 자신의 생각대로 하고, 자신이 책임지고, 자신의 이름과 자신의 영광을 위해 살아갑니다. 그러나 천국 시민은 나의 생명과 의식주까지 주께서 주셨고, 물질을 얻는 능력까지 주께서 주신 것이므로 내게 주신 시간과 은사를 최대한 활용하여 노동을 하되 하나님의 인도와 섭리를 따라 하고 하나님께 영광을 돌리는 자입니다.

"오늘 있다가 내일 아궁이에 던져지는 들풀도 하나님이 이렇게 입히시거든 하물며 너희일까 보냐 믿음이 작은 자들아"(마 6:30).

하나님은 공중의 나는 새도, 백합화와 들풀도 먹이시고 입히시는데 어찌 하나님의 형상대로 지음을 받은 사람을 먹이시고 입히시지 않겠느냐고 하십니다. "믿음이 작은 자들아!" 예수님의 책망을 기억해야 합니다.

또한 염려는 스스로 우울하게 살기로 결단했다는 의미입니다. 믿음이 작은 자는 하나님이 자기의 인생을 인도하신다는 신뢰감이 흔들리니 모든 것을 걱정하고 근심할 수밖에 없습니다. 그것은 곧 주께서 주신 인생을 감사하며 살고, 주의 뜻을 이루며 기뻐하며 사는 것 대신에 걱정과 우울함에 빠져 살겠다는 것입니다.

워렌 위어스비Warren W. Wiersbe는 "염려는 우리 삶에 기쁨을 앗아가는 도둑들이다. 한 도둑은 어제 일에 관해 후회하는 것이고, 또 다른 도둑은 내일 일에 관해 염려하는 것이다"라고 했습니다. 하나님이 주신 우리의 귀한 인생을 염려라는 도둑들에 의해 빼앗겨 늘 우울하게 사는 것을 원하는 사람은 아무도 없을 것입니다. 그렇다면 어떻게 염려를 극복해야 할까요?

하나님이
살아 계신다는 인식

인생을 살다 보면 별의별 일을 다 경험합니다. 이런 세상 환경에서 염려를 극복하려면 그 어떤 상황 속에서도 하나님은 살아 계신다는 것을 생각하고 그분을 바라보는 훈련을 해야 합니다. 역경과 시련, 불행한 상황에 처할지라도 "이것은 우연이 아니다. 전능하신 하나님이 나의 유익을 위해 허락하셨다"는 확신을 가지고 그분의 주권을 신뢰하는 믿음이 무엇보다 필요합니다.

참새 한 마리도 하나님의 허락 없이는 떨어질 수 없습니다. 정말 고통스러운 이 상황 가운데 나를 처하게 하신 데에는 내가 인식하지 못하는 놀라운 하나님의 뜻과 섭리가 있다고 믿을 때 염려를 이길 수 있습니다. 사도 바울은 신실한 복음 전도자요 목회자였지만 오해를 받고, 제대로 먹지 못하고, 육체의 가시인 난치병까지 있었습니다. 하지만 그는 이런 고백으로 승리했습니다.

"우리가 알거니와 하나님을 사랑하는 자 곧 그의 뜻대로 부르심을 입은 자들에게는 모든 것이 합력하여 선을 이루느니라"(롬 8:28).

사도 바울의 신앙관, 인생관을 담고 있는 대표적인 말씀입니다. 그 어떤 일을 당한다 할지라도 하나님은 우리의 구원을 위해 그 모든 것이 합력하게 하십니다.

염려는 환경이나 사람, 사건에 대한 부정적인 생각과 느낌을 말합니다. 부정적인 생각은 부정적인 느낌을 갖게 하고, 부정적인 감정은 우리를 불안하고 초조하게 만듭니다. 우리의 생각 가운데 최고의 긍정적인 생각이 무엇입니까? 예수님은 매우 분명하게 말씀하셨습니다.

"그런즉 너희는 먼저 그의 나라와 그의 의를 구하라 그리하면 이 모든 것을 너희에게 더하시리라"(마 6:33).

예수님이 "너희는 먼저"라고 하신 것은 이 말씀이 세상 모든 사람에게 주신 말씀이 아니라 예수님과 관계된 사람, 성도들에게 하신 말씀이라는 의미입니다. "하나님 나라와 의를 구하라"는 것은 하나님을 바라보고 기도하고 생각하고 집중하라는 의미입니다. 그 어떤 상황에서도 '예수님이라면 어떻게 하셨을까?', '이 상황에서 하나님 나라와 의를 이루는 것이 무엇일까?'를 생각하고 구하며 사는 것이 가장 긍정적인 인생입니다.

어떤 환경에서도
염려 대신 기도하라

사도 바울이 로마 감옥에 감금되어 있는 상황에서 빌립보 성도들에게 권면한 말씀은 놀랍기만 합니다.

"아무것도 염려하지 말고 다만 모든 일에 기도와 간구로, 너희 구할 것을 감사함으로 하나님께 아뢰라"(빌 4:6).

염려와 기도 둘 다 우리의 생각으로 시작됩니다. 염려는 부정적인 생각을 하는 것이고, 기도는 하나님이 모든 것을 주관하실 것을 생각하고 하나님께 도움을 요청하는 것입니다.

염려와 기도가 다르듯이 생각과 기도도 다릅니다. 생각은 어떤 상황을 보고 고민하는 차원에 머무르지만 기도는 나의 생각을 넘어서서 주께 의지하고 구체적으로 도움을 구하고 의지하는 것입니다. 내가 할 수 있는 것이라면 내가 하면 됩니다. 그러나 기도는 내가 할 수 없는 것을 하나님께 의탁하고 신뢰하며 그분의 도움을 구체적으로 구하는 것입니다.

그러므로 기도는 아무나 하는 것이 아니라 하나님을 아버지로 알고 그분을 예배하고 자신이 하나님 아버지의 자녀임을 인식하는 사람만이 할 수 있습니다. 더 중요한 것은 하나님이 나의 모든 필요를 알고 계시면서도 기도하라고 명령하셨다는 점입니다.

"구하라 그리하면 너희에게 주실 것이요 찾으라 그리하면 찾아낼 것이요 문을 두드리라 그리하면 너희에게 열릴 것이니"(마 7:7).

사도 바울 역시 기도에 대해 "너희 구할 것을 감사함으로 하나님께 아뢰라"(빌 4:6)고 했습니다. 단순히 구하는 정도를 넘어 감사함으로 기도할 것을 강조했습니다. 어려운 상황에 처한 형편에서 감사하는 기도는 아무나 할 수 있는 것이 아닙니다. 그러나 성도는 가능합니다. 찰스 스펄전Charles Haddon Spurgeon 목사는 "감사는 더 큰 복을 받게 하는 능력"이라며 이렇게 말했습니다.

"하나님은 촛불을 보고 감사하는 자에게 전등불을 주시고, 전등불을 보고 감사하는 자에게 달빛을 주시고, 달빛을 보고 감사하는 자에게 햇빛을 주시고, 햇빛을 보고 감사하는 자에게 태양이 필요 없는 광명한 천국의 빛을 주신다."

예수님이 염려하지 말라고 하신 말씀은 이 세상에 사는 모든 사람을 대상으로 한 것이 아니라 하나님 나라를 알고 믿고 예수님을 따르는 자기 백성에게 하신 말씀입니다.

그러므로 모든 사람이 기도하고, 모든 사람이 하나님 나라와 그의 의를 구하는 삶을 사는 것이 아닙니다. 하나님의 백성임을 확신하는 사람만이 기도하고, 하나님이 주시는 복을 경험합니다.

염려를
아버지께 맡기라

예수 믿는 한 청년이 군대에 입대하여 최전방 휴전선 철책 근무 부대로 갔습니다. 신참인 그는 얼마나 불안하고 힘들었는지 모릅니다. 조금 먼저 왔다고 일병들이 힘들게 하고, 낮에는 철책 근무, 밤에는 불침번을 서는 등 정말 고달픈 병영 생활이었습니다. 그런데 이 신참병이 자원해서 남들이 다 꺼리는 새벽 1-2시 사이에 보초를 섰습니다. 왜냐하면 그 시간에는 모두 깊은 잠에 빠져 있어서 큰 소리로 기도하기가 좋았기 때문입니다.

그러던 중 그 부대의 중대장이 이 신참병이 새벽 1-2시 사이에 자원해서 보초를 선다는 것을 알고는 특별 휴가를 일주일 주었습니다. 이런 일은 군대에서 참으로 보기 드문 일이었습니다. 휴가를 마치고 중대장에게 귀대 신고를 하니 중대장이 물었습니다.

"그래, 너희 아버지는 괜찮으시냐?"

"네, 건강하게 잘 지내십니다."

중대장이 고개를 갸우뚱했습니다. 그 이유는 이러했습니다.

신참병이 새벽 1-2시에 근무를 선다고 하니 걱정이 된 중대장이 그 시간에 초소 가까이 갔는데, 이상한 소리가 들려 발걸음을 멈추었습니다. 중대장은 신참병이 "아버지, 아버지" 하면서 때로는 한숨을 쉬기도 하고, 때로는 눈물 섞인 목소리로 애절하게 울기까지 하는 것을 듣고는 신참병의 아버지에게 무슨 큰 문제가 생긴 줄 알고 특별 휴가를 주어 집에 가 보라고 했던 것입니다.

우리가 열악한 군대 환경에서든지, 먹고살기 힘들든지, 인간관계가 힘든 상황에서도 염려 대신 기도하면 염려가 사라지고 가끔 신참병처럼 휴가와 같은 부산물이 생깁니다.

나의 능력과 힘으로 할 수 없는 상황에서도 하나님의 백성은 한결같이 하나님의 자녀임을 확신했기에 염려 대신 기도로 승리했습니다. 나라가 망해 주권을 잃었던 바벨론 포로 시대에 다니엘은 염려할 수밖에 없는 비참한 생활 한가운데에서도 한결같이 기도했습니다.

"다니엘이 이 조서에 왕의 도장이 찍힌 것을 알고도 자기 집에 돌아가서는 윗방에 올라가 예루살렘으로 향한 창문을 열고 전에 하던 대로 하루 세 번씩 무릎을 꿇고 기도하며 그의 하나님께 감사하였더라 그 무리들이 모여서 다니엘이 자기 하나님 앞에 기도하며 간구하는 것을 발견하고"(단 6:10-11).

왕 외에는 어떤 신 앞에 절도 하지 말고, 기도도 하지 말라는 긴급 조치가 발효된 상황에서도 다니엘은 평소대로 하나님을 예배하고 간구했습니다. 성경은 "그의 하나님께 감사하였더라"라고 기록했습니다. 그러고는 사자 굴로 들어가 사자의 먹잇감이 될 위기에 처했지만, 그곳에서도 그는 하나님을 예배하고 경배하며 감사 기도를 드렸을 것이고, 분명히 세상에서 얻을 수 없는 하나님의 평강이 그에게 임해 그를 지켜 주었을 것입니다.

그러나 신하들의 모함에 어쩔 수 없이 다니엘을 사자 굴로 보냈던 왕은 잠을 이루지 못했습니다(단 6:18). 염려거리 앞에서 우리가 기도하면 사탄이 벌벌 떨기 시작하고, 세상 사람들이 잠을 못이루는 일이 일어날 것입니다. 예수님은 무엇을 먹을까, 무엇을 마실까 염려하는 것은 공중의 나는 새와 들풀도 먹이고 입히시는 하나님을 믿지 않는 불신앙이라고 말씀하십니다.

하나님은 이 세상을 다스리시고 우리를 지키고 인도하십니다. 성경은 "너희 염려를 다 주께 맡기라 이는 그가 너희를 돌보심이라"(벧전 5:7)고 말합니다. 작은 문제든 큰 문제든 염려 대신 하나님을 신뢰하고 그분께 구하기 시작할 때 새로운 문이 열리는 복을 누리게 될 것입니다.

변 화 를   위 한   물 음

1. 염려가 깊어지면 내게 어떤 일이 일어날까요?

2. 염려를 이기는 가장 기본적인 방법은 무엇인가요?

3. 염려를 극복하기 위해 우리에게 필요한 것이 무엇인가요?

게으름

눅 19:12-27

오늘날 대부분의 사람이 바쁘게 살아갑니다. 생존 경쟁이 점점 치열해져서 가히 전쟁을 방불케 합니다. 너무 바빠서 아침도 거른 채 출근하고, 출근하고 나서도 정신이 없습니다. 이렇듯 아침부터 밤늦게까지 일하는 사람들에게는 "게으른 자여 개미에게 가서 그가 하는 것을 보고 지혜를 얻으라"(잠 6:6)는 말씀이 어울리지 않는 것 같습니다.

그러나 수많은 사람이 겉으로는 분주하게 열심히 일하며 살고 있지만 정작 삶의 내면에는 치명적인 게으름이 숨겨져 있을 가능성이 많습니다. 일을 열심히 하고 바쁘게 살아가는데 왜 게으르다고 말할까요?

성경은 삶의 주인이신 하나님의 뜻대로 행하지 않는 것은 '악하고 게으른 것'이라고 가르칩니다. 초대교회의 경건한 수도사들 역시 소명이나 목적의식, 그리고 사랑하는 마음 없이 습관처럼 일만 하는 것은 바로 나태요, 게으름이라고 간파했습니다. 그래서 성도들이 조심해야 할 죄 가운데 하나로 게으름을 규정했습니다. 하루 종일 열심히 일하는 사람도 하나님과 관계 없이 일할 때에는 게으른 것이 될 수 있습니다. 중요한 것은 내가 왜 살고, 어떤 목적으로 일하느냐입니다.

우리를 향한 하나님의 뜻은 분명합니다. 바로 하나님 사랑, 이웃 사랑입니다. 우리는 하나님의 사랑을 세상에 증거하기 위해서 공부하고, 일을 합니다. 나를 지으신 하나님의 영광을 드러내기 위해서 사는 것이 충성이고, 선입니다.

자기 나름대로 열심히 일해서 자신이 원하는 것을 얻는 것도 의미가 있겠지만 하나님이 "너는 너의 일을 열심히 했구나"라고 평가하신다면 결국 그것은 하나님 앞에 게으른 삶을 산 것입니다. 게으름이란 하나님께 드려야 할 사랑과 예배와 섬김과 헌신을 충분히 드리지 않는 것입니다.

게으름의 반대인 '근면'의 영어 단어인 'diligence'는 라틴어 '딜리게레'에서 왔는데 그 의미는 '사랑하다'입니다. 사랑해야 할 존재를 부지런히 사랑하는 것이 근면입니다. 내가 화초 가꾸기를 사랑하면 열심히 물을 주고 화초를 가꾸는 반면, 그것을 싫어한다면 화초가 말라 죽어 가도 거들떠보지 않게 되듯이 내 마음이 떠난 대상과 일에 대해서는 자연히 게을러지게 됩니다. 그러므로 게으름이 도덕적, 신앙적으로 문제가 되는 이유는 근본적으로 하나님과 이웃에 대해 관심과 사랑이 없기 때문입니다.

한 므나를 받고 아무런 일을 하지 않는 종을 두고 "악하다"라고 말한 이유가 바로 여기에 있습니다. 10명의 종들 중에서 9명은 주인의 뜻에 따라 능력껏 성실히 일하여 어떤 사람은 열 므나를 남기고 어떤 사람은 다섯 므나를 남겼습니다. 주인은 열 므나를 남긴 사람에게 "네가 지극히 작은 것에 충성하였으니 열 고을 권세를 차지하라"(눅 19:17)고 칭찬했고, 다섯 므나를 남긴 사람에게도 "다섯 고을을 차지하라"(눅 19:19)고 칭찬했습니다. 주인의 뜻대로 열심히 일한 종들은 충성했다는 평가를 받고 보상도 받았습니다.

하지만 10명 중 단 1명은 아무 일도 하지 않고 므나를 수건으로 싸서 그대로 두었다가 주인 앞에 내어놓았습니다. 이를 두고 주인은 "악한 종아 내가 네 말로 너를 심판하노니 너는 내가 두지 않은 것을 취하고 심지 않은 것을 거두는 엄한 사람인 줄로 알았느냐"(눅 19:22)라고 책망했습니다.

주인의 뜻을 따라 사는 것이 충성이고, 주인의 뜻과 상관없이 내 마음대로 행동하는 것은 악하고 게으른 것입니다. 다른 사람은 주인이 준 재능과 능력과 물질을 가지고 열심히 일을 하고 다른 사람에게 유익을 주는 동안, 그는 주인이 맡긴 것으로 아무것도 하지 않았습니다. 소중한 기회를 묻어 버리고 인생을 허비하고 말았습니다.

워렌 위어스비는 이 부분을 해석하면서 예수님의 비유 속에 나타난 사람들은 그 주인이 왕이 되고 왕 노릇 하는 것을 싫어했다고 했습니다. 그 당시 사람들 중에는 로마에 가서 뇌물을 주고 자신이 왕이 되려 했던 사람들이 많았습니다. 헤롯왕 역시 로마와 결탁하여 로마 황제로부터 왕의 자격을 허락받아 이스라엘을 다스렸습니다. 당연히 이스라엘 백성은 그를 싫어했습니다. 이런 역사적 배경 가운데 예수 그리스도가 왕으로 오실 터인데 예수께서 왕권을 가지고 다스리시는 것을 순종하지 않는 사람들이 있을 것을 말씀하신 것이라고 했습니다.

게으른 사람은 왕이신 하나님이 내게 주신 은사와 시간, 그리고 물질을 그분의 뜻에 따라 사용하지 않습니다. 대신 내가 좋을 대로 합니다. 그러다 보니 하나님을 위한 봉사의 기회를 잃어버리고 상급 받을 기회도 잃어버립니다. 이것이 나태하고 게으른 사람의 특징입니다.

주인에게 한 므나를 받고 아무 일도 하지 않았던 종은 '어떻게 되겠지'라고 쉽게 생각하며 그냥 있었습니다. 뒤로 미룬 것입니다. 왜 미루었을까요? 주인이 마음에 들지 않았기 때문입니다. 그는 "이는 당신이 엄한 사람인 것을 내가 무서워함이라 당신은 두지 않은 것을 취하고 심지 않은 것을 거두나이다"(눅 19:21)라고 말했습니다.

게으른 종은 주인에 대해서도, 자신에게 닥친 상황도 부정적으로 판단했습니다. 주인에 대해 부정적인 마음을 가졌으니 그 주인을 위해서 기쁘게 일할 수가 없었습니다. 주인이 이런 엄한 사람이라 생각했다면 두려워하여 더 열심히 일을 했어야 했지만 그는 분별력도 없었습니다. 그러니 아무 일도 하지 않고 할 일을 뒤로 미룬 것입니다. 타락한 우리 인생은 모두 이런 경향이 있습니다. 마음을 당장 충족시키는 일은 나서서 하지만 주인의 일, 선한 일, 마땅히 해야 할 일은 하기 싫어합니다. 무슨 일이든 조금이라도 힘들거나 귀찮아지면 내일로 미루어 버립니다.

4세기 사막의 수도사 에바그리우스 폰티쿠스와 같은 수도사들도 바로 이 점을 지적했습니다. 수도사들도 영적 게으름에 지배당하면 수도 생활 자체가 싫어집니다. 기도하는 것도 싫고, 성경 읽기나 노동하는 것도 귀찮아집니다. 모든 것이 정말 하기 싫은 중노동이 됩니다. 결국 영성이 나태해지고 게으름뱅이가 되어 자신의 신분과 직무에서까지 이탈하게 되면서 치명적인 결과를 맞게 됩니다.

그러면 어떻게 게으름을 극복할 수 있을까요? 한 므나를 받아 수건에 싸 놓았던 종이 정말 주인이 원하는 것을 바로 인식했더라면 시간을 허비하지 않고 열심히 일했을 것입니다. 그렇기 때문에 생각이 중요합니다. 아무리 거룩한 일이라도 생각 없

이 하면 매너리즘에 빠지게 되고 결국 하기 싫은 중노동이 되고
맙니다.

에바그리우스는 수도원에서 훈련하고 있는 수도사들 중 게
으름을 피우는 이들에게 기도와 성경 암송을 더 하고 노동 시간
을 더 늘리라고 하지 않고, 왜 수도를 하는지, 왜 하나님을 섬겨
야 하는지, 왜 욕망을 절제해야 하는지에 대해 생각하고 목적을
재확인해 보라고 권했습니다.

우리가 게으르지 않기 위해서는 "내가 왜 태어났는가? 무엇
을 위해서 살아야 하는가?"에 대해 확인하는 작업을 반드시 거
쳐야 합니다. 삶의 목적을 다시 수립해야 합니다. 생각 없이 일
만 열심히 하는 것은 진정한 의미에서 성실과 거리가 멀 수 있
습니다.

주인의 뜻을 파악하지 않고 자기 마음대로 생각하여 주인에
게 받은 므나를 수건에 싸 둔 종은 모든 것을 빼앗기고 죽임을
당했습니다(눅 19:24, 27). 그러나 주인의 뜻대로 일했던 9명의 종
은 왕으로 온 주인과 동일하게 10개 혹은 5개의 마을을 다스리
는 영광스런 상급을 받았습니다. 주님은 주님이 주신 것을 주님
의 뜻을 따라 선용할 때 상을 주십니다. 나를 구원하신 주님과

그분의 뜻을 위해 섬김으로써 하나님 나라를 이루어 가기를 바랍니다.

낙심

현상 너머를 볼 수 있다면

요 11:21-27

이 땅에서의 삶의 행복을 빼앗는 또 하나의 치명적인 요소가 있다면 그것은 낙심입니다. 낙심이란 기대하지 않았던 불행한 일이 내 앞에 펼쳐졌을 때 느끼는 감정입니다.

마르다와 마리아는 가정의 든든한 기둥이었던 오빠 나사로가 병이 들었을 때 예수님이 오셔서 회복시켜 주실 것을 단단히 믿고 기다렸지만 예수님은 오시지 않고 오빠는 죽고 말았습니다. 얼마나 예수님이 야속하고 섭섭했을까요. 당연히 오실 것이라고 생각했고 오빠가 회복될 것을 기대했는데 오빠는 죽고 장례까지 마쳤으니 마르다와 마리아의 낙심은 이만저만 크지 않았을 것입니다.

뒤늦게 오신 예수님께 "주께서 여기 계셨더라면 내 오라버니가 죽지 않았을 것입니다"라고 한 마르다의 말에는 섭섭함과 상황에 대한 절망감이 그대로 담겨 있습니다. "예수님이 조금만 더 일찍 오셨더라면 오빠는 죽지 않았어요!", "당신이 조금만 더 빨리 손을 썼더라면 이 지경이 되지는 않았을 거예요"라는 말입니다.

마르다가 마주한 상황은 인생을 살면서 누구나 경험합니다. 가정에서, 친구 사이에서, 교회 공동체 안에서, 사업 현장에서 언제든지 일어날 수 있는 상황입니다.

이런 상황이 되면 마음속에 섭섭한 감정이 생기고, 그 감정을 끄집어내 주야로 묵상하다 보면 상처가 되어 야속하고 미운 마음이 생깁니다. 그리고 절망하게 되고 결국 관계를 정리하고 싶은 파괴적인 생각이 들게 됩니다. 절망스런 상황이 오면 다른 것을 생각할 겨를이 없습니다. 상황에 매몰되기 때문입니다. 이런 일이 우리에게 일어났을 때 어떻게 해야 할까요?

당장은
낙심할 수밖에 없다

흔히 사람들은 '왜 나에게만 이런 일이 일어나지?'라고 생각합니다. 다른 사람은 아무 일 없이 잘 사는데 자신만이 힘든 일을 당한다고 생각하면 더 서럽고 좌절하기 쉽습니다. '나만 상처받는다'는 생각의 덫에 걸리는 순간 기운을 잃고, 피해 의식에 사로잡히게 됩니다. 외롭고 고독하고 우울해져 대인 기피증까지 생길 수 있으며, 급기야 하나님까지 원망하다가 불신의 마음을 갖게 됩니다. 기대대로 되지 않아 낙심하는 일은 예수 믿는 성도라고 해서 예외가 아닙니다. 나사로와 마르다와 마리아는 예수님과 제자들에게 사랑받는 사람들이었는데, 그들에게도 낙심될 일이 일어났습니다.

구약의 욥은 정말로 하나님을 경외하고 가난한 과부와 고아를 돌아볼 뿐만 아니라 원통한 자들의 힘이 되어 주어서 이웃들로부터 존경을 받았습니다. 그런 욥에게 하루아침에 재산이 다 날아가고, 자녀들이 죽고, 아내는 저주하며 떠나는 절망스러운 일이 일어났습니다.

제자 베드로도 그의 입장에서 보면 예수님 때문에 상처를 많이 받았다고 생각할 수 있습니다. "주는 그리스도시요 살아 계신 하나님의 아들이십니다"라는 신앙 고백을 했을 때만 해도 예수님께로부터 격려와 칭찬을 받았습니다. 그러나 예수님이 예루살렘에 올라가서 고난받고 죽을 것이라고 말씀하시자 "주여, 그리 마옵소서"라고 했고, 한순간에 "사탄아, 물러가라"는 엄청난 말을 들었습니다. 사실 이런 말을 듣고 상처받지 않을 사람은 없을 것입니다. "어떻게 선생님이 나에게 그런 말씀을!" 하며 못내 서운했을 것입니다. 믿었던 사람에게 시험받고 상처받는 것은 믿음이 약한 사람뿐 아니라 변화된 성도도, 신실한 성도도 다 겪는 일입니다.

낙심은 왜 올까요? 낙심하기를 좋아하는 사람은 아무도 없습니다. 그렇다면 하나님은 왜 없으면 좋을 시험거리를 우리에게 허락하셔서 우리를 낙심하게 하시는 것일까요?

이 질문에 대한 바른 답을 쉽게 찾을 수는 없습니다. 하지만 우리를 시험 들게 하고 낙심하도록 하는 근본적인 이유 가운데 하나는 우리가 타락했고, 타락한 세상의 영향을 받기 때문입니다. 만취한 운전자가 귀가하는 사랑하는 딸을 치어 장애인이 되게 하고, 집에 강도가 들어서 어려움을 당하는 일들은 어제나 오늘이나 앞으로도 일어날 것입니다. 예전보다 분명히 잘 살고 있으면서도 상대적인 박탈감에 쌓인 분노로 인해 '묻지 마 범죄'가 더욱 날뛸 것입니다. 낙심은 결국 욕심 많고 이기적인 나와 너, 우리 때문에 일어납니다.

그런가 하면 도무지 이해할 수 없는 일을 당해 낙심하는 경우도 많습니다. 독수리는 어느 시점이 되면 둥지를 흔들어 자신의 새끼를 절벽 아래로 떨어뜨린다고 합니다. 영문도 모르는 새끼 독수리는 얼마나 두려울까요? "아니, 엄마! 왜 이러세요? 정신 나갔어요? 나 죽는단 말이에요!" 그러나 어미 독수리는 들은 척도 않고 새끼를 절벽 아래로 밀어 버립니다. 그 순간 새끼 독수리는 어미 독수리가 얼마나 야속할까요? 그런데 그것은 두려움과 죽음의 길이 아니라 푸른 하늘을 날게 하는 비행 훈련입니다. 그 훈련을 통해 새끼 독수리가 비로소 힘차게 날아오르듯이, 신앙 인격도 고통을 통해 성숙합니다.

마르다와 마리아는 그렇게 기다려도 오시지 않은 예수님이 얼마나 야속했을까요? 예수님이 고난을 받아 낙심 가운데 있는 성도들에게 부탁하신 말씀이 있습니다.

"그러므로 너희가 이제 여러 가지 시험으로 말미암아 잠깐 근심하게 되지 않을 수 없으나 오히려 크게 기뻐하는도다"(벧전 1:6).

이 땅에 시험을 받지 않는 사람은 아무도 없습니다. 우리 모두가 시험을 받습니다. '나 혼자 시험받고 나만 왜 이렇게 상처가 많은가' 하는 것은 틀린 생각입니다. 틀린 생각을 계속하면 그 생각이 우리의 삶을 불행으로 몰아갑니다. 야고보는 시험과 상처를 받을 즈음에 믿음의 선택이 무엇인지를 분명히 가르쳐 줍니다.

"하나님과 주 예수 그리스도의 종 야고보는 흩어져 있는 열두 지파에게 문안하노라 내 형제들아 너희가 여러 가지 시험을 당하거든 온전히 기쁘게 여기라"(약 1:1-2).

"하나님, 지금 많이 힘듭니다. 그러나 제가 이 말씀으로 인해 기뻐하며 뛰어넘겠습니다"라고 기도하고 고백하는 믿음의 선택을 하기를 권면합니다. 야고보는 한 걸음 더 나아가 우리가 붙잡아야 할 말씀까지 줍니다.

"시험을 참는 자는 복이 있나니 이는 시련을 견디어 낸 자가 주께서 자기를 사랑하는 자들에게 약속하신 생명의 면류관을 얻을 것이기 때문이라"(약 1:12).

시험과 고난이 저주가 아니라 복임을 깨달을 때 그것을 이길 힘도 주께로부터 얻을 수 있습니다.

더 수준 높은 믿음을
요구하신다

"마르다가 예수께 여짜오되 주께서 여기 계셨더라면 내 오라버니가 죽지 아니하였겠나이다"(요 11:21).

이 말은 "예수님이 일찍 오셨더라면 이런 일이 없었을 것입니다"라는 의미입니다. 기대와 달리 실망스럽고 낙심할 상황을 만날 때 가장 일반적인 반응은 다른 사람을 탓하는 것입니다. 저 사람 때문에 내가 이렇게 되었다는 것입니다. 사람을 탓하고, 환경을 탓하고, 시스템을 탓하고, 사회 체제를 탓하고, 세상을 탓합니다. 그러니 그 마음이 아프고 쓰릴 수밖에 없습니다. 좌절을 느끼고 억울한 감정을 갖습니다.

이것이 심화되면 파괴적인 행동까지 서슴지 않습니다. 말을 함부로 하고 공격적이 되거나 극단적으로 목숨을 끊기도 합니다. 남의 탓을 하고 환경 탓을 하다 보면 깊은 낙심의 늪에 스스로 들어가고 맙니다. 그러나 내가 이해할 수 없는 하나님의 섭리가 배후에 있다고 믿는다면 낙심 대신 하나님이 행하실 일을 기대하는 소망을 품게 됩니다.

오빠 나사로는 병이 들어 죽게 되었는데 예수님은 오시지 않는 것처럼, 나의 삶의 현장에 무엇인가 답답함이 엄습할 때에는 내가 알지 못하는 예수님의 뜻이 반드시 있다는 것을 명심해야 합니다.

"예수께서 들으시고 이르시되 이 병은 죽을병이 아니라 하나님의 영광을 위함이요 하나님의 아들이 이로 말미암아 영광을 받게 하려 함이라 하시더라"(요 11:4).

우리는 우리 눈에 보이는 대로 말하고 평가하기 쉽습니다. 그러나 우리가 모르는 것이 너무 많습니다. 우리는 예수님이 친구 나사로가 병이 들었음을 아시고도 이틀을 더 머무신 이유, 그래서 나사로가 죽을 때까지 늦장을 부리신 이유를 모릅니다. 우리는 야속해하고 좌절하지만 우리가 인식할 수 없는 그분의 놀라운 섭리가 있습니다. 죽었던 나사로를 살림으로써 부활의 믿음으로 그들이 더 기뻐하도록 하시기 위한 그분의 뜻이 있었던 것입니다(요 11:15).

또한 "예수께서 이르시되 네 오라비가 다시 살아나리라"(요 11:23)라는 말씀도 마찬가지입니다. "다시 살아나리라"라는 말씀은 두 자매는 물론 모든 사람이 납득하기 어려운 말씀임이 틀림없습니다. 사실 짜증나게 하는 말일 수도 있습니다. 예수님이 늦게 오신 것도 속상한데, 자매들 입장에서 받아들이기에는 너무도 황당한 말씀이기 때문입니다.

"네 오라비가 다시 살아나리라!"라는 황당한 말씀을 들은 마르다는 그래도 교양 있게 반응했습니다.

"마르다가 이르되 마지막 날 부활 때에는 다시 살아날 줄을 내가 아나이다"(요 11:24).

마르다의 대답이 틀린 것은 아닙니다. 마르다는 마지막 때에 모든 사람이 부활할 것이라는 예수님의 가르침을 믿고 있었습니다. 그러나 예수님이 말씀하시면 '지금 당장' 살아날 것이라는 믿음의 수준은 아니었습니다.

우리는 항상 내 수준에서 생각하고 말하고, 내 수준에서 내 경험만이 옳다고 생각하며, 내 수준에서 다른 사람을 평가하기 마련입니다. 내 생각에 맞지 않으면 실망하고 화내고 좌절하고 분통을 터뜨립니다. "나는 이렇게 생각한다. 내가 아는 것이 맞다" 며 마르다처럼 반응합니다. 그런데 예수님은 마르다의 현재 수준 이상을 말씀하십니다. 부활 때는 말할 것도 없고 예수님이 서 계신 이곳에서 '지금' 나사로가 살아날 것이라고 말씀하신 것입니다.

예수님이 이 말씀을 통해 우리에게 주시는 메시지가 있습니다. 마르다의 수준, 오늘 나의 수준에만 머물지 말아야 한다는 것입니다. 우리가 실망하고 낙심하는 대부분의 이유는 내가 받아들일 수 없는 수준의 일들이 내 앞에 전개되기 때문입니다. 그러므로 나의 기대와는 다른 상황이 펼쳐지고, 짜증나는 상황이 올 때는 예수님의 음성에 더욱 귀를 기울여야 합니다. "애야! 너의 수준을 좀 높여야 하지 않겠니?" 주님의 말씀을 믿음으로 받을 때 낙심 속에서도 소망을 잃지 않을 뿐만 아니라 그 소망이 현실로 열리는 복을 누리게 될 것입니다.

예수님이 "네 오라비가 다시 살아나리라"고 말씀하실 때 마르다와 마리아는 물론 오늘을 사는 우리 역시 "아멘, 믿습니다"라고 대답해야 합니다.

이 말씀은 우리에게 어떤 교훈을 안겨 줍니까? 예수님은 현재 수준에서 좀 더 차원 높은 삶을 살라고 말씀하십니다. 지금 좌절을 경험하고 절망의 늪에 빠져 있다면 "예수님이 내게 수준을 좀 더 높이라고 말씀하시는구나!"로 받아들이기 바랍니다.

사도 바울이 육체의 가시 때문에 좌절했을 때 오히려 "내게 주신 은혜가 족합니다"라고 고백한 것은 우리가 나아가야 할 차원 높은 신앙의 수준을 보여 준 것입니다. 아플 때 아프다고 말하는 것은 누구나 할 수 있습니다. 그러나 아플 때 참으면서 다른 사람을 배려하는 것은 평범한 수준을 넘어서는 것입니다.

"우리가 알거니와 하나님을 사랑하는 자 곧 그의 뜻대로 부르심을 입은 자들에게는 모든 것이 합력하여 선을 이루느니라"(롬 8:28).

우리가 어려운 일을 만났을 때 생각의 수준을 높이고 기도의 차원을 높인다면 하나님이 선하게 일하시는 것을 경험하게 될 것입니다.

불신앙의 돌을
치워야 합니다

"이에 예수께서 다시 속으로 비통히 여기시며 무덤에 가시니 무덤이 굴이라 돌로 막았거늘 예수께서 이르시되 돌을 옮겨 놓으라 하시니 그 죽은 자의 누이 마르다가 이르되 주여 죽은 지가 나흘이 되었으매 벌써 냄새가 나나이다"(요 11:38-39).

예수님은 이미 죽어 냄새가 나는 나사로의 무덤 앞에 서서 사람들에게 돌을 치우라고 하셨습니다. 예수님이 예비하신 영광을 보려면 막혀 있는 돌을 치우는 작업이 필요합니다. 사실 예수님은 돌이 무덤의 입구를 가로막고 있다고 해서 나사로를 나오게 하실 수 없는 분이 아닙니다. 그런데 왜 돌을 치우라고 하셨을까요? 돌을 치우는 일은 사람이 할 수 있는 일이기 때문입니다. 하나님은 우리의 그 어떤 도움도 필요 없이 자신의 영광을 위해 행하시는 분이지만, 우리가 할 수 있는 일은 우리가 행하도록 하십니다.

죽은 나사로의 부활을 위해 사람이 할 수 있는 일은 아무것도 없습니다. 죽음을 애통해하고 낙심하며 좌절하는 일 외에는 할 일이 없습니다. 그러나 하나님만이 행하시는 구원의 역사 가운데서 우리가 하도록 허용하시는 일이 있습니다. 우리가 제거할 수 있는 일을 하도록 하십니다. 하나님의 영광을 보기 위해 그분이 말씀하시는 것을 제거하는 일이 필요합니다. 주님이 우리를 향해 치우라고 말씀하시는 돌이 무엇입니까? 내가 그 돌을 치울 때 하나님의 영광을 보게 됩니다.

내가 치워야 할 돌이 무엇입니까? 혹시 하나님의 말씀에 대한 불신앙의 돌을 그대로 지니고 있지는 않습니까? 예수님을 신뢰하지 못하는 의심의 돌을 그대로 두고 있지는 않습니까? 치워야합니다. 나의 믿음을 막고 있는 그 무엇이 있다면 반드시 치워야합니다.

예수님은 나사로를 살리신 후에 "풀어 놓아 다니게 하라"고 하셨습니다. 예수님이 나사로의 시체를 감은 천을 푸신 것이 아닙니다. 돌을 치우는 것과 마찬가지로 천을 푸는 것 역시 사람이 하도록 하셨습니다.

왜 예수님은 우리에게 돌을 치우고 천을 풀라고 하셨을까요? 막힌 돌을 제거하고 우리의 자유를 얽매고 있는 것을 풀어 다니게 해야 할 이유가 무엇입니까? 그것은 예수님의 능력이 이미 우리에게 임했기 때문입니다. 우리를 억압하는 모든 것으로부터 새로운 생명과 자유를 주시는 주님의 능력이 이미 임했습니다. 우리는 이미 하나님의 자녀입니다.

나는 무엇에 얽매여 있습니까? 과거에 매이고, 사람에게 매이고, 돈에 매여 있지는 않습니까? 하나님은 우리의 모든 것을 이미 풀어 놓으셨습니다. 죽음의 위기까지 제거하셨습니다. 앞으로 어떤 낙심될 만한 일을 만날지라도 "이것은 죽을병이 아니라 하나님의 영광을 위함이라"는 말씀을 마음에 담고 모든 낙심을 뛰어넘기를 소망합니다.

변 화 를 위 한 물 음

~~~~~~

1. 살면서 자주 낙심하는 이유는 무엇입니까?

2. 낙심되는 일이 내게 일어날 때 지혜로운 반응은 무엇입니까?

3. 낙심을 극복하기 위해서 지금 내가 할 수 있는 일은 무엇입니까?

탐욕과 탐식

왕상 21:1-16

이 땅에서 하나님 나라를 누리기 위해 조심해야 할 것 가운데 하나가 탐욕입니다. 탐욕이란 내면에서 나를 위해 무엇을 얻으려는 강한 욕망입니다. 야고보는 "욕심이 잉태한즉 죄를 낳고 죄가 장성한즉 사망을 낳느니라"(약 1:15)고 했습니다. 탐욕을 잘못 다루면 하나님 나라를 유업으로 받지 못합니다.

오늘날 우리는 과거에 비해 풍요와 여유를 누리고 있음에도 불구하고 만족하지 못합니다. 에바그리우스 폰티구스는 "마귀는 지금보다 조금만 더 하면 안전하고 편안한 노후를 보낼 수 있다는 생각을 통해 유혹한다"고 말했습니다. 사람들은 '조금만 더, 조금만 더'의 유혹을 이기지 못합니다. 이런 불안 때문에 사람들은 재물을 더 소유하려고 합니다.

누가복음 12장에 나오는 부자가 바로 그런 사람입니다. 그해 수확이 많아지자 창고를 더 크게 지어 곡식을 가득 쌓아 두어 영혼의 안전을 도모하려고 했습니다. 그러나 예수님은 이 부자를 보고 "어리석은 자"라고 하셨습니다. 안전은 창고를 채우는 데 있는 것이 아니라 하나님께 있기 때문입니다. 겉을 아무리 치장해도 내적으로 결핍되어 있을 때 사람들은 그 결핍을 계속해서 다른 대체물로 채우려고 합니다. 6세기 교황 그레고리우스 1세는 탐욕을 "하나님을 떠나 참된 내적 기쁨을 상실한 인간이 끊임없이 대체물을 찾는 반작용"으로 보았습니다.

아합은 북 이스라엘의 일곱 번째 왕으로서 모든 것을 가진 사람이었습니다. 나봇의 포도원을 탐낼 위치에 있는 사람이 아닌데도 욕심을 부렸습니다. 아합에게는 있어도 그만, 없어도 그만인 밭이었지만 나봇에게 포도원은 조상에게서 물려받은 땅으로 가족들의 생존권과도 관계 있었습니다. 그런데도 아합이 탐을 낸 이유는 '있으면 더 좋겠다'는 내적 결핍 때문이었습니다.

내적인 결핍이 채워지지 않는 사람은 아합처럼 물질로 공허함을 채우려고 합니다. 아합은 나라를 잘 다스려 객관적인 지표는 튼튼했지만 하나님을 섬기지 않았습니다. 그에게 진정한 기쁨과 만족이 있을 리 없었습니다.

아합왕은 나봇의 포도원이 자신의 왕궁에서 가깝고(왕상 21:1) 땅도 좋고 햇빛도 잘 드니 채소밭을 하면 좋겠다고 생각했습니다. 아합왕은 부동산을 보는 눈은 탁월했지만 이웃인 나봇 생각은 조금도 하지 않았습니다. 아합은 땅을 다른 사람에게 매매하는 것을 금지하는 율법조차 생각할 필요가 없었습니다. 그가 원하는 것은 오직 밭이었습니다. 탐욕에 빠진 사람은 더 많은 재물이 행복의 기초라고 믿기 때문에 하나님과 이웃보다는 자신의 필요에 더 민감합니다.

결국 아합은 탐욕으로 범죄를 저지르게 되었습니다. 탐욕에 빠진 사람은 원하는 것을 얻기 위해 수단과 방법을 가리지 않습니다. 교황 그레고리우스 1세는 "탐욕이 배신, 사기, 거짓, 위증, 불안, 폭력, 냉담이란 못된 딸들을 낳는다"고 했습니다. 탐욕의 아합과 함께 사는 탐욕의 왕비 이세벨을 보십시오. 거짓으로 나봇이 하나님과 왕을 모독했다는 조서를 꾸미고, 뇌물로 이 죄를 증언할 두 사람을 사서 지역 장로와 귀족들 앞에서 거짓으로 나봇에게 그 죄를 뒤집어씌워 돌로 쳐서 죽게 했습니다.

탐욕에 빠진 사람은 하나님을 멀리하게 되고 마치 하나님 없는 사람처럼 행동합니다. 그래서 탐욕은 우상숭배라고 했습니다. 물질의 힘과 영향력을 맛본 사람들은 현실적으로 하나님보다 물질을 더 의지하기 쉽습니다. 토마스 아퀴나스는 탐욕에 대해 "이 땅의 물질 때문에 영원한 것을 멸시하는 것, 곧 하나님을 대항하는 죄"라고 규정했습니다.

인간은 미래의 안전을 원합니다. 그러나 미래의 안전을 보장받기 위해 필요한 것을 확보하는 데 마음을 쓰다 보면 누구나 탐욕이란 덫에 걸리기 쉽습니다. 혹시 미래를 위해 부족하지 않을까 염려하는 마음은 탐욕을 부르고 결국 무리수를 두게 됩니다. 탐욕이 발동하면 혹시나 하는 불안이 찾아옵니다. 불안을 잠재우기 위해 다시 탐욕을 부리는 악순환이 반복됩니다. 그러나 재물이 일시적인 안전을 가져다줄 수 있을지는 모르나 영원한 안전은 절대로 보장해 줄 수 없습니다. 에바그리우스는 이렇게 말했습니다.

"이 땅의 재물을 많이 가진 자들은 마치 무거운 짐을 가득 실은 선박과 같아서 폭풍우가 심하게 불 때 난파할 가능성이 무척 높아진다. 그런 반면 재물을 손에서 놓는 자들은 날개가 가벼워진 독수리가 더 높이 올라 폭넓은 시야를 확보하여 먹이를 더 쉽게 찾을 수 있는 것처럼 삶이 훨씬 더 안전해진다."

그러면 우리는 어떻게 탐욕에서 벗어날 수 있을까요? 교부 크리소스토무스 Chrisostomus는 "진정한 부자란 재물을 많이 가진 사람이 아니라 재물에 욕심부리지 않고 만족하는 사람이고, 정말 가난한 자는 재물이 부족한 사람이 아니라 욕심 때문에 좀처럼 만족이 없는 사람"이라고 했습니다. 아무리 풍요롭게 살아도 하나님과의 관계가 잘못되면 결코 만족을 얻을 수 없습니다. 우리가 영적인 존재이기 때문입니다. 인간의 만족은 우리를 지으신 창조주 하나님과 교제를 누릴 때만 채워질 수 있습니다.

신앙의 선배들은 탐욕에 이어 탐식도 죄로 여길 정도로 경건을 추구했습니다. 초대교회와 중세시대에는 하나님의 영광을 위해 도덕적인 삶을 지키고, 영혼을 순결하게 유지하기 위해서는 음식으로 인한 육체적 쾌락을 제어해야 한다고 생각했습니다. 종교개혁 이후에도 성도들은 여전히 금욕과 절제를 중요시했습니다. 존 칼빈John Calvin은 위정자들에게 큰 접시가 세 차례 이상 들어오는 식사를 하지 못하도록 규정을 만들기도 했습니다. '예수 믿으면 음식도 마음 편히 못 먹는가?' 하고 생각할 사람도 있을 것입니다. 하지만 우리가 이 땅에서 천국을 누리려면 매사에 영적 분별이 필요합니다.

식욕과 식탐은 다릅니다. 식욕은 삶의 의욕의 표현이므로 중요하지만, 식욕이 식탐(탐식)으로 바뀌는 순간 문제가 달라집니다. 음식에만 집중하기 시작하면 인생 여정에서 큰 실수를 할 수도 있습니다. 에서가 대표적인 예입니다. 들에 사냥을 나갔다가 돌아온 에서는 배가 고팠습니다. 그래서 동생 야곱에게 죽한 그릇을 달라고 하자 야곱은 에서에게 장자권을 팔라고 했습니다. 이에 에서는 "내가 죽게 되었으니 이 장자의 명분이 내게 무엇이 유익하리요"(창 25:32)라고 말했습니다.

배가 고프다는 것 외에 아무 생각이 없던 에서는 우선 허기를 면하고 보자는 생각이 앞선 것이 분명합니다. 식욕은 인간의 가장 기본적이고 실제적인 욕구이기 때문에 그만큼 쉽게 우리를 유혹할 수 있습니다. 에바그리우스가 수도사들을 유혹하는 첫 번째 유혹으로 '탐식'을 규정한 이유도 바로 여기에 있습니다. 식탐을 마귀의 가장 수준 낮은 유혹이긴 하지만 실상은 가장 극복하기 힘든 것으로 본 것입니다.

만약 에서가 영적으로 분별했다면 "죽을 줄 테니 장자권을 팔라"는 야곱의 말에 쉽게 넘어가지 않았을 것입니다. 성경은 에서의 행동에 대해 "음행하는 자와 혹 한 그릇 음식을 위하여 장자의 명분을 판 에서와 같이 망령된 자가 없도록 살피라"(히 12:16)고 평가합니다. 음식에 대한 욕구를 잘못 다스리면 하나님이 내게 주신 소중한 것을 가볍게 여기게 되고, 결국 그것을 잃을 수 있음을 명심해야 합니다.

에서의 문제도 죽 한 그릇으로 끝나지 않았습니다. 에서는 야곱이 장자권을 얻고 난 뒤 어머니 리브가와 짜고 아버지 이삭으로부터 축복을 받은 것을 뒤늦게 알고는 마음에 큰 상처를 입고 상한 영의 노예가 되고 말았습니다(창 27:34). 그제야 에서는 자신이 죽 한 그릇과 장자권을 바꾼 것을 후회했습니다. 나아가 "내 아우 야곱을 죽이리라"(창 27:41)는 마음을 품었습니다.

여기서 에서의 인생의 비극이 시작됩니다. 에서는 먹는 음식에 정신이 팔려서 야곱이 말하는 의도를 정확히 파악하지 못했습니다. 육체를 가진 인간은 며칠 굶으면 먹는 것 외에 다른 것은 보이지 않고 다른 말도 들리지 않습니다. 사탄은 바로 이런 상황을 노리기 때문에 조심해야 합니다. 예수님이 40일 금식하신 후에 사탄이 찾아와 첫 번째 던진 시험이 먹는 음식을 통한 유혹이었음을 잊어서는 안 됩니다.

애굽을 떠난 이스라엘 백성이 모세에게 불평하고 반란을 일으킨 것 역시 음식 때문이었습니다. 이에 하나님은 백성에게 만나를 주시면서 먹을 만큼만 거두라고 하셨습니다 (출 16:16). 그러나 이스라엘 백성은 욕심 때문에 필요 이상으로 거두어 하나님의 말씀과 율법을 어겼습니다. 이렇게 탐식은 하나님을 대적하게 만들기 때문에 더욱 조심해야 합니다. 어떻게 탐식의 유혹을 극복할 수 있을까요?

먼저 자신의 정체성을 분명히 인식하면 실수를 줄일 수 있습니다. 모세는 이스라엘 백성에게 그들이 하나님의 택하심과 인도하심을 따라 사는 백성이기 때문에 단순히 먹고 마시고 즐기며 사는 수준이 아니라 영적 양식인 하나님의 말씀으로 살아야 하는 존재임을 가르쳤습니다(신 8:3). 그러므로 항상 음식을 먹는 마음가짐과 태도를 점검해야 합니다.

또한 우리 주변의 가난한 이웃을 생각해야 합니다. 하나님은 언제나 가난한 사람들을 염두에 두며 율법을 주셨습니다. 6년 동안 농사짓고 7년째에 안식하게 하신 이유도 이와 관련됩니다. 물론 땅이 쉬도록 하는 의도도 있지만 "네 백성의 가난한 자들이 먹게 하라"(출 23:11)는 하나님의 뜻이 담겨 있습니다.

화목제 역시 이웃에 대한 배려를 염두에 둔 제사입니다. 화목제물로 바쳐진 고기는 하루, 이틀 안에 모두 먹어야 했는데(레 7:15-18), 한 사람이나 한 가정이 그 시간 안에 모두 먹는 것은 불가능했습니다. 따라서 학자들은 여기에 이웃과 나누라는 의미가 담겼다고 말합니다. 그런데 탐식하는 사람은 욕심 때문에 이웃의 배고픔에 무관심합니다. 탐식을 조심해야 할 죄로 여긴 이유 중 하나가 여기에 있습니다.

바울은 하나님이 내신 각종 음식은 우리의 생명과 건강을 위해 주신 선한 것이기 때문에 성도들은 무엇이든지 감사함으로 먹으라고 했습니다(딤전 4:3-4). 이처럼 음식은 생존과 관계가 있고 하나님이 우리에게 주신 즐거움 가운데 하나입니다.

그러나 여기에만 집착하면 죄로 이어질 수 있음을 기억해야 합니다. 에서는 굶주린 배를 채우는 데 집중하다 보니 영적 축

복을 가볍게 취급한 비극적인 인물이 되었습니다. 우리가 취할 수 있는 음식은 감사하며 먹어야 하지만, 식탐에 빠져 더 중요한 것을 놓치지 않아야 합니다. 또한 이웃에 대한 배려를 잊지 않으며 이 땅에서 천국의 삶을 누려야 할 것입니다.

정체성

흔들림 없이 살아가는 비결

엡 1:11-14

저는 요즘 종종 출근길에 나오다 말고 다시 집으로 갑니다. 자동차 키를 두고 와서입니다. 때때로 나타나는 건망증입니다. 그런데 자동차 키를 손에 들고서 "이게 뭐지?", "어디에 사용하는 거지?" 하면 상황은 심각해집니다. 치매이기 때문입니다. 치매에 걸리면 가지 말아야 할 장소에 가고, 해서는 안 될 행동을 합니다. 자신이 누구인지 모르는 정체성의 혼란 때문에 비정상적인 언행을 합니다. 며느리를 보고 "아주머니, 안녕하세요?" 하다가, 아들이 오면 갑자기 돌변하여 며느리를 보고 욕을 합니다.

오늘날 적지 않은 그리스도인들이 자신이 누구인지, 또 누가 아군이고 누가 적군인지 몰라 혼란스러워하는 영적 치매 환자라는 생각을 지울 수가 없습니다. 치매에는 약이 없지만 감사하게도 영적 치매에는 완벽한 치료약이 있습니다. '구약'과 '신약'입니다. 특히 에베소서 1장이 그 특효약이 될 것입니다.

에베소서를 주해한 존 스토트John Stott는 에베소서에 "새로운 사회", 즉 "새로운 공동체"라는 제목을 붙였습니다. 1장에서는 성도 한 사람 한 사람을 새로운 사회 일원으로 삼기 위해 하나님이 하신 일이 무엇인지를 선명하게 가르칩니다. 나 한 사람을 위해 하나님이 행하신 일을 깨달을 때, 나 자신이 얼마나 소중한지와 함께 자신의 정체성을 확립하게 됩니다.

이 책의 첫 부분에서 므비보셋을 통해 낮은 자존감에서 벗어날 수 있는 유일한 방법은 하나님과의 관계에서 자신을 보는 것 외에는 없다고 했습니다. 자신의 정체성이 분명한 사람은 자신의 내부와 외부에 어떤 환경의 변화가 온다 하더라도 쉽게 흔들리지 않습니다.

모든 것을 내어 주실 만큼 귀한
하나님의 자녀다

"곧 창세전에 그리스도 안에서 우리를 택하사 우리로 사랑 안에서 그 앞에 거룩하고 흠이 없게 하시려고"(엡 1:4).

나의 인생 여정 중 어느 순간에 예수를 믿은 것은 하나님이 창세전에 나를 택하신 결과임을 깨달아야 합니다. 더 놀라운 것은 나의 힘과 노력으로 어찌할 수 없는 과거의 죄, 현재의 연약함을 예수님의 피로 덮으셨다는 것입니다.

예수님은 피 흘리심으로써 나의 모든 허물과 죄의 대가를 모두 청산하셨습니다. 이 진리를 워낙 많이 들어서 감동이 덜하다면 이렇게 생각해 보면 어떨까요?

한 젊은 여성이 운전면허증을 딴 지 얼마 안 된 상태에서 남편이 최근에 뽑은 최신형 자동차를 몰고 거리로 나섰습니다. 그런데 집으로 오는 길에 그만 접촉 사고를 내고 말았습니다. 다행히 큰 사고는 아니었지만 상대방의 차와 자신의 차에 큰 흠집이 나고 말았습니다. 그녀는 마음이 불안하고 고통스러웠습니다. 남편에게 어떻게 말해야 할지 막막했습니다. 그녀는 상대방 차의 주인과 연락처를 교환하고 운전석 옆 좌석 앞에 있는 콘솔 박스에서 보험 카드를 꺼냈습니다. 그때 작은 쪽지 하나가 툭 떨어졌습니다. 그 쪽지에는 이런 글이 적혀 있었습니다.

"만에 하나 차에 무슨 일이 생기면 기억해요. 내가 사랑하는 건 당신이지 차가 아니라는 걸!"

남편의 따스한 배려에 아내는 마음이 뭉클해졌고, 불안의 눈물이 감동의 눈물로 바뀌었습니다. 사랑하는 남편은 사랑하는 아내를 위해 모든 것을 다 배상했습니다. 이유는 단 하나, 사랑하는 사람이기 때문입니다. 하나님이 나를 위해 하신 일이 바로 이것입니다.

"우리는 그리스도 안에서 그의 은혜의 풍성함을 따라 그의 피로 말미암아 속량 곧 죄 사함을 받았느니라"(엡 1:7).

그의 피로 말미암아 속량, 곧 죄 사함을 받았다는 말은 하나님의 사랑이 사고 친 우리가 치러야 할 대가를 다 치렀다는 의미입니다. 이것을 '구속Redemption'이라고 합니다. 모든 인생은 사고를 친 사람들입니다. 아담과 하와는 자기 마음대로 하다가 사고 쳤고, 가인은 동생 때문에 기분 나빠 사고를 쳤습니다. 노아도 포도주를 마시고 아들을 당황하게 하는 사고를 쳤고, 아브라함도 아내를 누이로 속이다가 사고를 친 경험이 있으며, 모세 역시 혈기 때문에 사고를 쳤고, 다윗 또한 간음에다 청부 살인까지 저질러 용서받기 힘든 사고를 쳤습니다. 예수님의 제자들도 사고뭉치들이었습니다. 실패자들이었습니다.

오늘 우리 가운데는 어제 사고를 친 사람과 내일 사고를 칠 사람들이 있습니다. 한마디로 모든 인생은 욕심과 죄로 사고 치는 사람들입니다. 그런데 왜 하나님이 사고 친 사람들을 대신해서 대가를 지불하실까요? 이유는 단 하나, 하나님이 우리를 사랑하시기 때문입니다. 하나님은 우리를 하나님의 형상으로 지어 살게 하셨지만, 사고를 쳐서 불안해하는 우리에게 하나님의 도움 없이는 다른 방법이 없다는 것을 아시고 이렇게 말씀하셨습니다.

"하나님이 세상을 이처럼 사랑하사 독생자를 주셨으니 이는 그를 믿는 자마다 멸망하지 않고 영생을 얻게 하려 하심이라"(요 3:16).

혹시 아직도 예수님에 대한 믿음이 없는 사람이 있습니까? 사고 친 아내가 남편이 쓴 편지를 믿지 못한다면 여전히 불안하고 불행할 것입니다. 예수 믿는 나는 누구인가요? 하나님이 나를 삼위일체 하나님이 만드신 새로운 공동체 안으로 들여보내기 위해 모든 것을 다 하실 만큼 나는 귀한 존재라는 것을 알고 있습니까?

이미 모든 복을
받은 존재다

"찬송하리로다 하나님 곧 우리 주 예수 그리스도의 아버지께서 그리스도 안에서 하늘에 속한 모든 신령한 복을 우리에게 주시되"(엡 1:3).

하나님은 예수 안에서 우리에게 하늘에 속한 모든 신령한 복을 주셨습니다. 신령한 복이라고 해서 굳이 영적인 복과 물질적인 복을 분리해서 생각할 필요가 없습니다. 복의 근원이신 하나님은 영적인 존재여서 우리 눈에 보이지 않지만, 존재하는 모든 물질을 말씀으로 창조하셨고 모든 것을 다스리십니다. 이런 하나님 아버지께서 그리스도 안에서 하늘에 속한 모든 신령한 복을 주셨다고 성경은 말합니다.

나는 누구입니까? 이 땅에서 영생이 이미 시작되어 복 받은 존재로 살다가, 몸과 영혼이 분리되는 죽음 이후에 완전한 천국에 들어가는 모든 신령한 복을 받은 존재입니다. 엄밀히 말해 예수 믿어 그리스도 안에 있으면 모든 복을 다 받은 것입니다. 하나님이 모든 복의 근원이시기 때문입니다.

이런 맥락에서 하나님이 자기 백성에게 주신 십계명 중 첫째 계명이 "너는 나 외에는 다른 신들을 네게 두지 말라"입니다. 하나님 외에 다른 모든 것은 우상입니다. 그럼에도 불구하고 이스라엘 백성이 하나님이 아닌 나일강, 뱀, 송아지 같은 피조물에게 가서 복을 빌고, 풍요의 신 바알을 섬기고, 다산의 신 아세라를 섬겼던 이유가 무엇입니까? 눈에 보이지 않는 하나님보다 눈에 보이는 물질과 쾌락을 원했기 때문입니다.

하나님은 왜 "나 외에는 다른 신들을 네게 두지 말라"고 하셨을까요? 하나님 말고 다른 우상을 섬기면 망하기 때문입니다. 하나님을 떠난 이스라엘 백성은 우상 제단에 나아가 제물을 바친 후에 남신과 여신을 자극할 목적으로 성적인 춤을 추고, 성적으로 부적절한 행동을 했습니다. 하나님이 아닌 다른 것을 섬기면 윤리와 도덕에 문제가 생깁니다. 결국 자기의 행복과 쾌락이 우상이 되기 때문입니다. 이방 문화와 세상의 가치관에 영향을 입으면 하늘에 속한 모든 복과 이 땅에 속한 물질과 건강을 분리해서 생각하게 됩니다.

사도 바울은 그리스도인이 이 세상뿐 아니라 영원까지 중요한 모든 복을 받은 존재임을 가르쳤습니다. 따라서 영적인 것과 물질적인 것을 이원론적으로 지나치게 구별하는 것은 그만큼 우리가 세상의 영향을 많이 받았다는 의미가 됩니다. 이 세상의 모든 물질도 영이신 하나님이 신령한 지혜로 창조하신 것입니다. 그러므로 성경이 신령한 복을 하나님이 우리에게 다 주셨다고 하면 "그렇구나, 나는 모든 복을 다 받았구나" 하고 믿는 것이 성경대로 믿는 신앙입니다.

돈은 물질적이고, 기도는 영적이고 신령한 것입니까? 그렇지 않습니다. 이기적인 기도는 비록 기도라 하더라도 육적이고 물질적인 것입니다. 그런 반면 재물은 물질이지만 하나님의 선하신 뜻을 위해 사용하면 신령한 복이 됩니다. 성경은 물질의 많고 적음이나 건강의 좋고 나쁨의 여부와 관계없이 우리는 모든 복을 받은 존재라고 가르칩니다.

세상 사람들은 많은 물질을 소유한 것이 복이라고 하는데, 왜 예수님은 농사가 아주 잘되어 창고를 더 늘리려고 자랑하는 사람을 두고 "어리석은 사람"이라고 하셨을까요? 요즘 말로 사업이 아주 잘되어 이 기업, 저 기업 인수해서 엄청난 부를 가진 사람이지만 예수님이 그를 복 있는 사람이라 하시지 않고, "오늘밤 너의 영혼을 거두어 가면 그 물질이 누구의 것이 되겠느냐?"고 물으시며 "어리석은 자"라고 하신 것과 마찬가지입니다(눅 12:20 참조).

물질이 많으면 편리하고 많은 일을 할 수 있다는 점이 좋지만, 그렇다고 그것을 복이라고 믿으면 안 됩니다. 그러한 사람은 영적 치매 환자와 다를 바가 없습니다.

한 남자가 직장에서 해고당하고 새 직장을 얻으려 했지만 만만치 않자 좌절에 빠졌습니다. '이렇게 살아 봐야 무엇 하나'라고 생각하니 우울해져 스스로 삶을 포기하려는 마음까지 먹었습니다. 하지만 마지막으로 노먼 빈센트 필Norman Vincent Peale 목사님을 만나 상담을 했습니다. 면도도 하지 않고, 머리는 다 헝클어졌으며, 단정하지 못한 차림으로 신발도 뒤축을 구겨 신고 들어온 그는 의자에 털썩 주저앉으면서 말했습니다.

"저는 버림받은 인생입니다. 가진 것이 아무것도 없습니다. 빈 털터리입니다. 하루 종일 직장을 얻기 위해 다녀도 아무도 저를 써 주지 않습니다. 저는 이제 더 이상 살 용기와 힘도 없습니다. 목사님과의 상담을 신청하고 여기에 왔지만 사실 별로 기대도 하지 않습니다."

노먼 빈센트 필 목사님은 그 말을 듣고 종이와 연필을 꺼내 주면서 질문에 대해 쓸 답이 있다면 그것을 종이에 쓰라고 했습니다.

"아내가 있습니까?"

"네, 아내가 있습니다. 돈벌이도 못하는 이 못난 남편을 버리지 않고 그래도 같이 살아 주는 착하고 좋은 여자입니다."

"그럼 종이에 아내가 있다고 적으세요. 자식이 있습니까?"

"네, 자식이 5명입니다. 잘 먹이지도 못하고 공부도 잘 못 시키지만 그래도 부모에게 반발하지 않고 착실히 교회도 나가고 열심히 기도하는 좋은 자식들입니다."

"그러면 좋은 자식 5명이 있다고 적으십시오. 당신은 밥을 잘 먹습니까?"

그는 허허 웃더니만 "없어서 못 먹지요"라고 했습니다.

"아, 그래요? 위장병에 걸려서 좋은 음식이 있어도 못 먹는 사람이 많은데 당신은 없어서 못 먹으니 감사하지요. 음식은 없어서 못 먹는다고 적으세요."

그는 종이에 그렇게 썼습니다.

"잠은 잘 잡니까?"

"잠이요? 잘 자죠. 그저 드러누우면 잡니다."

"그래요? 그게 얼마나 큰 축복입니까? 잠 못 자고, 침대에서 들썩거리는 사람들이 얼마나 많은데요. 잠은 잘 잔다고 적으십시오. 친구가 있습니까?"

"대부분의 친구들이 저를 떠났지만 그래도 다정한 친구 몇몇은 있습니다. 이 사람들은 언제나 저와 친구라서 대화가 됩니다."

"그럼 친구가 있다고 적으십시오. 건강은 어떻습니까?"

"예, 별로 크게 아픈 데는 없습니다. 건강합니다."

"그럼 건강하다고 적으십시오."

그러고는 그에게 지금까지 적은 것을 한번 소리 내어 읽어 보라고 했습니다.

"착한 아내가 있다. 좋은 자식 5명이 있다. 음식은 없어서 못 먹는다. 잠은 잘 잔다. 친구도 있다. 건강하다."

노먼 빈센트 필 목사님이 말했습니다.

"당신이 여기 들어올 때는 아무것도 없다고 했습니다. 그런데 뭐가 하나도 없단 말입니까? 이렇게 많지 않습니까?"

그는 머리를 긁적이며 말했습니다.

"저는 아무것도 없는 줄 알았는데 제가 가진 것이 이렇게 많은 줄 몰랐습니다."

"당신에게 없는 것을 불평하지 말고 현재 있는 것에 대해 자신이 많이 가진 자라고 생각하면 당신 자신에 대한 이미지도 달라질 거예요. 그리고 직장을 구하세요! 성경은 '있는 자에게는 주고 없는 자에게는 있는 것까지 빼앗아 버리겠다'고 말합니다. 당신이 없다고 생각하는 이상 하나님은 아무것도 주시지 않습니다. 당신이 있는 것을 가지고 시작할 때 하나님은 당신에게 모든 것을 주십니다."

상담을 마친 그는 생각이 달라졌습니다. '나는 좋은 아내가 있다. 자식들이 있다. 나는 잘 먹는다. 친구들이 있다. 나는 잘 잔다. 건강하다.' 그리고 거울을 쳐다보니 '이렇게 많이 가진 사람이 꼴이 이래서야 되겠는가?' 하는 생각이 들었습니다. 그래서 머리를 빗고 면도를 깨끗이 하고 넥타이도 바로 매고 옷을 잘 다려서 입었습니다. 그리고 구두도 광택을 내고 뒤축을 바로 하고 신었습니다. 완전히 달라진 사람이 되었습니다. 그는 신문 광고를 보고 인터뷰를 할 때 가슴을 펴고 자신 있게 말했습니다. 마침내 그는 직장을 얻었습니다.

당신은 누구입니까? 우리는 현재 직업에 만족하지 못할 수도 있고, 직장을 잃었을 수도 있고, 남이 알지 못하는 문제를 지니고 있을 수도 있습니다. 우리가 직면한 모든 상황이 치명적인 상황일 수 있지만, 나는 이미 모든 복을 받은 사람인 것을 깨달으면 반드시 달리 행동하게 됩니다. 우리가 '난 지지리 복도 없어. 부모 복도, 배우자 복도, 자식 복도, 물질 복도, 아무것도 없어'라고 생각하게 만드는 존재가 있습니다. 하나님을 거역하는 악한 영 사탄입니다. 그에게 속지 말아야 합니다.

하이델베르크 교리문답 제1문을 기억하십시오.

"사나 죽으나 그대의 유일한 위로는 무엇인가?"

"사나 죽으나 나의 몸도 영혼도 나의 것이 아니요 나의 신실한 예수 그리스도의 것입니다."

얼핏 생각하면 어떻게 예수 그리스도가 이 땅에서, 그리고 저 세상에서 유일한 위로이신지 이해가 되지 않습니다. 돈이 없는 자에게는 돈이 위로이고, 명예가 없는 자에게는 신분 상승이 위로인데, 어떻게 예수님이 위로가 되실 수 있을까요?

저 역시 그런 고민을 하고 있을 때 뉴질랜드에서 한국으로 역이민을 가신 집사님에게 전화가 왔습니다. 그분의 어머니가 한국에서 갑자기 건강에 이상이 생겨 이틀을 넘기기가 어렵다고 하며 갑자기 저를 찾는다고 하셔서 전화를 받았습니다. 그 상황에서 무엇으로 그분을 위로할 수 있겠습니까?

"모친, 예수님 믿으시죠? 예수님이 모친을 구원해 주셨어요.

지금 예수님이 부르셔도 천국에 들어갈 것을 믿습니까?"

기운이 없는 상황에서도 그분은 힘을 주어 말씀하셨습니다.

"그럼요, 목사님. 기도해 주세요!"

저는 기도를 마치고 수화기를 놓자마자 눈물을 흘리며 분명하게 고백했습니다.

"그렇습니다! 주님! 예수 그리스도가 세상에서 유일한 위로이십니다."

예수 그리스도 안에 있는 나 자신은 이미 모든 복을 받은 존재임을 인식하십시오. 이 땅을 떠나는 그날에도 우리는 예수님으로 말미암아 위로를 받는 존재입니다.

새로운 능력과 지혜를
가진 존재다

"이는 그가 모든 지혜와 총명을 우리에게 넘치게 하사"(엡 1:8).

예수님은 우리의 죄악의 빚을 갚아 주셨을 뿐만 아니라 놀라운 자산을 주셨으니, 바로 지혜와 총명입니다. 이 지혜와 총명으로 인해서 다른 사람이 모르는 하늘의 뜻과 비밀을 아는 지혜 있는 자가 된 것입니다. 이 세상과 영원에서 온전히 사는 지혜와 총명이 우리에게 있어서 영적 세계를 알고, 이 땅에서 어떻게 사는 것이 진정한 지혜인지를 아는 사람이 된 것입니다. 이 지혜가 없으면 아무리 많이 배웠다 할지라도 엉뚱한 행동을 합니다.

"육에 속한 사람은 하나님의 성령의 일들을 받지 아니하나니 이는 그것들이 그에게는 어리석게 보임이요, 또 그는 그것들을 알 수도 없나니 그러한 일은 영적으로 분별되기 때문이라 신령한 자는 모든 것을 판단하나 자기는 아무에게도 판단을 받지 아니하느니라"(고전 2:14-15).

우리는 하나님의 비밀(신비)을 아는 존재입니다. 때가 되면 하나님은 예수 그리스도 안에서 모든 것을 하나 되게 하십니다. 놀라운 진리입니다.

"하늘에 있는 것이나 땅에 있는 것이 다 그리스도 안에서 통일되게 하려 하심이라"(엡 1:10).

이 진리는 우리에게 놀라운 소망을 줍니다. 예수님이 우주의 중심이 되십니다. 하늘과 땅에 있는 모든 것이 예수 안에서 하나가 됩니다. 이 말은 예수님의 다스리심 아래 들어와서 모든 것이 하나가 된다는 사실입니다. 이것이 비밀이요 신비입니다.

"만물이 그에게서 창조되되 하늘과 땅에서 보이는 것들과 보이지 않는 것들과 혹은 왕권들이나 주권들이나 통치자들이나 권세들이나 만물이 다 그로 말미암고 그를 위하여 창조되었고"(골 1:16).

내가 지금 예수님 안에 있고, 장차 예수님 안에 거할 것이고, 예수님의 통치를 받아 그분의 영광 가운데 거하게 된다는 이 놀라운 신비를 아는 사람은 그 어떤 낙심될 만한 일을 만나도 절망하지 않습니다. 누군가 우리를 비난해도 상관없습니다. 사는 것이 힘들다고 스스로 비관할 필요도 없습니다. 염세적인 생각도 할 필요가 없습니다. 예수 안에 모든 것이 통일되는 그때 우리는 그분의 영광을 입을 존재이기 때문입니다. 이 비밀을 우리는 압니다. 하나님은 말씀을 통해서 세계를 지으셨습니다. 말씀이 곧 예수님이십니다.

예수님이 모든 것을 하셨습니다. 하나님이 예수님을 통해서 우리를 구원하시고 예수님을 통해서 새 하늘과 새 땅을 이루십니다. 하나님이 예수님을 통해서 사탄을 없애시고, 예수님을 통해서 모든 것이 이루어진다는 이 놀라운 사실을 다 알려 주실 만큼 우리는 귀한 존재입니다. 왜 하나님이 우리에게 모든 비밀을 알려 주십니까? 우리가 하나님의 자녀이기 때문입니다. 하나님이 사랑하시는 자이기 때문입니다.

"피조물이 고대하는 바는 하나님의 아들들이 나타나는 것이니 피조물이 허무한 데 굴복하는 것은 자기 뜻이 아니요 오직 굴복하게 하시는 이로 말미암음이라 그 바라는 것은 피조물도 썩어짐의 종노릇한 데서 해방되어 하나님의 자녀들의 영광의 자유에 이르는 것이니라"(롬 8:19-21).

하나님의 소유 된
존재다

"그 안에서 너희도 진리의 말씀 곧 너희의 구원의 복음을 듣고
그 안에서 또한 믿어 약속의 성령으로 인치심을 받았으니"(엡 1:13).

"성령으로 인치심을 받았다"는 말은 "너희가 진리의 말씀을
듣고 예수를 믿었을 뿐 아니라 이제 완전히 하나님의 소유가 되
었음을 알리는 최종 도장을 찍었다"는 의미입니다. 성령의 인치
심, 즉 하나님의 도장을 찍었다는 의미는 우리가 어떤 형편에 있
어도 '존귀한 하나님의 소유'라는 의미입니다.

오래전에 미국 애리조나주 피닉스에서 열린 세미나에 800여
명의 CEO들이 참석하였습니다. 세미나를 주최한 게리 스몰리
Gary Smalley는 목 부분이 부러져 형편없어 보이는 낡은 바이올린을
집어 들었습니다. 게리 스몰리는 모든 사람이 볼 수 있도록 그것
을 높이 치켜든 다음 청중에게 이 바이올린의 가치가 얼마나 되
겠느냐고 물었습니다. 청중은 모두 웃으며 기껏해야 몇십 불 정
도라고 생각했습니다. 게리 스몰리가 그 바이올린 안쪽에 적힌

글자를 읽어 주자, 모든 사람이 "와" 하며 소리쳤습니다. 거기에는 이렇게 적혀 있었습니다.

"1723년 안토니오 스트라디바리우스."

안토니오 스트라디바리우스Antonio Stradivari의 바이올린은 지금 지구상에 600개 정도 있는데 그 가격은 최소 몇 억에서 어떤 것은 300억 원 정도라고 합니다. 게리 스몰리가 앞에 앉은 사람도 볼 수 있도록 그 바이올린을 넘겨주자 사람들의 태도는 완전히 달라졌습니다. 조금 전만 해도 '웬 쓰레기냐!' 하는 태도였던 사람들이 조심스럽게 보물 다루듯이 다루었습니다.

바이올린에 어떤 변화가 있었습니까? 아닙니다. 그저 목이 부러진 낡은 바이올린이었습니다. 그러나 사람들이 그 바이올린을 귀하게 여긴 것은 오직 안토니오 스트라디바리우스라는 이름이 새겨져 있다는 이유 때문이었습니다.

하나님은 하나님 자신의 이름을 우리 각자에게 새기셨습니다.

"내가 너를 내 손바닥에 새겼고"(사 49:16).

하나님이 나를 이렇게 귀한 존재로 여기신다 할지라도, 내가 나를 어떻게 생각하느냐 하는 것이 중요합니다. 누군가가 왕으로 태어났다 할지라도 자아상이 건강하지 못하면 자신이 불행하다고 생각합니다. 건강한 자아상은 하나님의 약속의 말씀을 믿을 때 비로소 가능합니다. 하나님의 말씀을 기억하십시오.

"네가 어떤 처지와 형편에 있더라도 사고 친 너를 위해 모든 것을 다 지불했다. 모든 신령한 복을 다 주었고 세상에서 바로 살아갈 지혜와 총명까지 주었다. 너는 누가 뭐라 해도 앞으로 하늘과 땅에 속한 모든 영광을 유산으로 물려받을 존재다. 힘내라. 새롭게 살아라!"

"이는 우리 기업의 보증이 되사 그 얻으신 것을 속량하시고 그의 영광을 찬송하게 하려 하심이라"(엡 1:14).

하나님 아버지는 우리를 위해 모든 것을 다 하셨습니다. 아버지가 심각한 신체의 심각한 장애를 갖고 태어난 아들을 위해 헌신한 동영상이 있습니다. 69세의 아버지 딕과 39세의 아들 릭의 이야기입니다. 아들 릭은 태어날 때 탯줄이 목을 감아 뇌에 산소 공급이 중단되었습니다. 뇌성마비 및 경련성 전신마비로 식물인간이 될 것이라며 의사들은 포기하라고 했지만 아버지는 아들을 포기하지 않았습니다. 어느 날 릭이 처음으로 자신의 감정을 표현했습니다. "아빠, 달리고 싶다, 달리고 싶다." 이 말을 들은 아버지는 다니던 직장을 그만두고 함께 달리기를 시작했고, 나중에는 아들과 함께 철인 3종 경기까지 완주하게 되었다는 감동적인 실화입니다.

이 동영상을 보면서 특히 감동을 받은 부분은 8킬로미터 자선 경기를 뒤에서 두 번째로 골인한 후에 아들과 아버지가 나눈 대화입니다.

"아빠! 오늘 비로소 내게 장애가 사라진 것 같아! 아빠가 없었
다면 난 할 수 없었어."

그때 아버지는 이렇게 말했습니다.

"네가 없었다면 아버지는 하지 않았다. 너 때문에 이 모든 것
을 한 거야! 너는 그 무엇과도 바꿀 수 없는 내 아들이거든."

"사랑하는 자들아 우리가 지금은 하나님의 자녀라"(요일 3:2).

어쩌면 우리는 자신을 못났고, 바보 같은 짓만 하는 존재라고
생각할지 모릅니다. 그러나 그런 우리를 위해 하나님은 모든 것
을 다 하셨습니다. 그 이유는 우리를 사랑하시기 때문입니다. 우
리가 그분의 자녀이기 때문입니다. 나의 모든 장애를 없애 주시
는 그분, 내가 마음 아파하면 함께 아파하시고, 내가 좋아하면 더
욱 기뻐하시는 하나님. "네가 없었다면 아버지는 하지 않았어."
이 하나님의 사랑의 음성을 간직하고 살기를 축복합니다.

변 화 를 위 한 물 음

〜〜〜〜〜〜〜〜〜〜〜〜〜〜〜〜〜〜〜〜〜

1. 바른 정체성을 갖기 쉽지 않은 이유는 무엇입니까?

2. 성경 말씀은 우리가 어떤 존재라고 말합니까?

3. 아직도 자신의 참된 가치를 모르고 살아가는 이웃에게 어떤 도움을
   줄 수 있습니까?

일상에서 천국을 누리는 지혜를 얻는 길은 결국 우리의 마음을 살피는 데 달려 있습니다. 자신의 존재를 하찮게 여기는 낮은 자존감도 자기 자신의 마음입니다. 어제보다 좋지 못한 환경을 만날 때 좌절하고 실망하는 것도 결국 자신의 마음입니다. 과거의 상처와 실패로 인해 두려워하고 근심과 낙심하는 것 역시 우리 자신의 마음입니다. 잘못된 마음은 우리를 잘못된 방향으로 이끌어 가지만 바른 마음은 우리를 바른길로 인도합니다.

세상의 유혹 앞에서도 하나님이 주신 나 자신의 정체성을 바로 인식하고 생각하면 이길 수 있습니다. 우리의 마음이 가장 중요하다는 것을 알고는 있지만, 하나님을 떠나 타락한 존재인 우리 스스로 자신의 마음을 바르게 조절할 수 없다는 것이 우리의 문제입니다.

하나님의 놀라운 은혜가 아니면 우리 스스로 바른 마음을 품을 수 없습니다. 하나님의 은혜가 우리에게 임하지 않으면 우리

스스로 결코 하나님을 믿을 수도 없고, 바른 마음을 품을 수도 없고, 바로 살 수도 없습니다. 하나님의 은혜가 임할 때만이 우리는 바른 마음을 품고 살아가며 이 땅에서 능력과 지혜를 가진 존재가 됩니다.

"이는 그가 모든 지혜와 총명을 우리에게 넘치게 하사 그 뜻의 비밀을 우리에게 알리신 것이요"(엡 1:8-9).

우리는 하나님이 부어 주신 지혜와 총명으로 인해 다른 사람이 모르는 하늘의 뜻과 비밀을 아는 하나님의 자녀가 되었습니다. 이 땅에서부터 하나님의 자녀의 삶을 사는 사람이 되어야 온전한 천국에 가서도 자연스럽게 천국의 삶을 누리게 될 것입니다. 우리는 하나님이 예비하신 천국에 들어갈 사람인데 이 땅에서 천국을 살지 못한다면 얼마나 억울할까요? 우리의 마음을 잘 살펴 이 땅에 사는 동안 천국을 마음껏 누리기를 기도합니다.